KB037552

어려웠던 경제가
이렇게 쉬울 줄이야

경제를 1도 모르는 당신을 위한 생활 경제학

어려웠던 경제가 이렇게 쉬울 줄이야

그림으로
쉽게 이해하는
일상생활 속
경제 이야기

Easy!

팬덤북스

목차

프롤로그

CHAPTER 1 때론 인간은 비합적인 행동이 경제적이라 생각한다 ··· 8

CHAPTER 2 프레이밍 효과로 행동경제학을 풀어낸 '넛지 이론' ··· 11

CHAPTER 3 메시지로 바뀌는 인간의 행동심리 ··· 14

CHAPTER 4 무의식을 계속 자극 하라 : 프라이밍 효과 ··· 17

CHAPTER 5 귀에도 소비 감성이 달렸다 : BGM효과 ··· 20

CHAPTER 6 아울렛 매장의 할인 공세는 '현명한 꼼수'다 ··· 23

CHAPTER 7 색깔이 인간의 행동 심리를 자극한다? ···26

CHAPTER 8 원가가 아주 저렴한 화장품이 고가에 팔리는 비밀은? ··· 29

CHAPTER 9 한 번도 당첨 안 되는데도 사람들이 매주 복권을사는 이유? ··· 33

CHAPTER 10 원가율이 40%가 넘어도 적자가 나지 않는 구조 ··· 36

CHAPTER 11 청량음료 가격은 왜 2배나 차이 나는 걸까? ··· 39

CHAPTER 12 서서 먹는 메밀국수 가게의 국수는 왜 저렴한 걸까? ··· 42

CHAPTER 13 상품권 판매점의 수익구조는 어떻게 책정되는 걸까? ··· 45

CHAPTER 14 고객이 100명 이상 필요한 세탁 대리점 ··· 48

CHAPTER 15 핸드폰 통신료는 왜 이렇게 비싼 걸까? ··· 51

CHAPTER 16 '선술집'은 어떻게 수익을 내고 있을까? ··· 54

CHAPTER 17 '남성 정장 1+1 세일'은 가게에 이득이 많다 ··· 57

CHAPTER 18 저가 항공 이용의 양면성 ··· 60

CHAPTER 19 라면 전문점의 비용 절감은 바로 스프에 있다 ··· 63

CHAPTER 20 자가 소유 주택과 임대 주택, 어떤 것이 이득일까? ··· 66

CHAPTER 21 '생명보험'은 어디까지 필요할까? ··· 69

CHAPTER 22 도시생활에서 '자차 보유'는 낭비 덩어리일까? ··· 72

CHAPTER 23 미래형 연금으로는 미국의 제로 쿠폰채가 흥미롭다 ··· 75

CHAPTER 24 '35년 임대수익 보장'이란 말에 안심해서 맨션 경영을 하는 어리석음 ··· 78

CHAPTER 25 주택연금으로 안심하고 노후를 보낼 수 있을까? ··· 81

CHAPTER 26 '교육비' 과다 투자는 빈곤 노후로 가는 지름길 ··· 84

CHAPTER 27 '고수입' = '행복'이라고 할 수 없는 수수께끼 ··· 87

CHAPTER 28 세금을 안 내는 직장인이 되는 방법이 있다! ··· 90

CHAPTER 29 왜 트럼프 대통령은 무역전쟁을 일으킨 걸까? ··· 93

CHAPTER 30 왜 포인트 카드를 보급한 걸까? ··· 96

CHAPTER 31 왜 생활보호 지급 총액은 점점 인상되는 걸까? ··· 99

CHAPTER 32 왜 연간 임대수익이 7천만 엔인 집주인은 위험할까? ··· 102

CHAPTER 33 왜 일본은 엔 강세를 경계하고 엔 약세를 환영할까? ··· 105

CHAPTER 34 왜 일본의 GDP는 주춤하고 있을까? ··· 108

CHAPTER 35 인플레이션과 디플레이션은 왜 일어나는 걸까? ··· 111

CHAPTER 36 왜 공실이 눈에 띄는 낡은 맨션들이 철거되지 않고 그대로 방치되고 있는 걸까? ··· 114

CHAPTER 37 NPO법인인데 수익을 내는 걸까? ··· 117

에필로그

일상생활에 '경제' 관점을 도입해
득이 되는 생활을!

우리의 생활은 '경제'라고 하는 큰 틀 안에 있다. 하지만 우리들은 평상시 그것을 잘 의식하지 못하고 산다. 알지 못하는 사이에 '경제'라고 하는 큰 흐름 속에서 유영을 반복하고 있기 때문이다.

'경제'와 '돈'은 떼려야 뗄 수 없는 관계이다. 따라서 '경제학'은 일상생활과 밀접한 관계가 있는 셈이다. 음식이나 옷을 사거나 선술집에서 선배에게 술을 얻어 마시는 것, 매달 주택대출금을 갚고 주식투자를 하거나 친구에게 돈을 빌려주는 것, 해외여행을 가거나 SNS에서 친구들과 소통, 플리마켓 애플리케이션에서 다 읽은 책을 팔거나 급여에서 세금이나 4대 보험료가 공제되는 등 일상생활은 '경제' 그 자체에 물든 행동이나 다름없다.

하지만 그것들은 반드시 합리적인 행동이라고 할 수 없는 경우도 수두룩하다. 깨닫지 못하는 사이에 비합리적인 선택을 하고 손해 보는 행동을 취하는 경우도 종종 있을 것이다. 때로는 인생의 중대한 위기를 초래하고 마는 경우가 있을 수도 있다.

왜 그런 사태에 빠지고 마는 걸까? 그것은 '경제'라고 하는 것의 원리와 메커니즘을 전혀 의식하지 않았던가, '알지 못했던' 지식 혹은 경험 부족 때문일 수도 있다.

이 책은 그런 불합리한 선택을 피하기 위해, '경제'를 일상 생활 속에서 빠르고 알기 쉽게 그리고 재미있게 이해할 수 있도록 돕는 데 주안을 두고 있다. 그동안 몰랐던 것들을 앎으로써 '경제'를 이해하고 현명한 행동을 하는 데 일조하기 위해서다.

이 책은 세상이 돌아가는 구조, 부의 이면, 신기한 경제 역설, 일상생활에 대한 소비 트릭이라고 하는 수법으로 당신의 시야를 크게 넓혀줄 것이다. '그럴 리 없어'와 같은 실패를 앞으로는 피할 수 있게 될 것이다.

아마 당신은 매 페이지마다 '그런 것이었군'이라며 납득할 것이라고 나는 확신한다. 이 책을 통해 당신이 득이 되는 인생을 손에 넣을 수 있다면 저자로서 더할 나위 없이 기쁠 것이다. 자! 어떤 페이지부터든 좋으니 책을 펼치고 지금 당장 읽기를 바란다.

CHAPTER 1

때론 인간은 비합적인 행동이 경제적이라 생각한다

기존의 경제학은 '인간은 매우 합리적인 행동을 한다.'는 것을 전제로 성립되었다. 하지만 실제로 인간은 반드시 합리적인 행동만을 하지는 않는다. 여기서 착안한 것이 행동경제학이다. 즉 행동경제학은 기존의 경제학으로는 잘 설명할 수 없었던 사회현상 등을 인간의 행동을 깊이 관찰함으로써 밝혀내는 학문을 말한다.

따라서 심리학적 식견도 응용되고 있다. 이 중 유명한 것으로는 2002년에 노벨 경제학상 수상으로 일약 각광을 받은 행동경제학자 대니얼 카너먼Daniel Kahneman이 제창한 불확실성을 바탕으로 한 의사결정 모델 '프로스펙트 이론'이 있다.

예를 들어 사람은 자신이 구입한 주식이 기대했던 대로 오르면 빨리 이익을 실현하려고 팔고 싶어진다. 하지만 기대에 반해, 구입 시점보다 하락한 경우는 다시금 오르기를 기대하고 만다. 그렇게 되면 결국 팔 때를 놓쳐서 손실이 점점 더 커지는 경우도 빈번하다. 이것은 인간이 부 그 자체보다는 부의 변화

량에 의해 마음이 변하기 때문이다.

다음과 같은 2가지 선택지의 경우도 마찬가지다.

A. 무조건 100만 엔을 받는다.

B. 동전을 던져서 앞면이 나오면 200만 엔을 받지만 뒷면
   이 나오면 아무것도 받지 못한다.

이 경우 누구든 A를 선택할 것이다.

하지만 200만 엔이라는 채무를 지고 있는 사람의 경우는
다음과 같은 선택지에는 다른 결정을 내리기 쉽다.

A. 100만 엔어치의 채무를 삭감한다.

B. 동전을 던져서 앞면이 나오면 채무 전액이 청산되지만,
   뒷면이 나오면 채무는 그대로 남는다.

이 경우 B를 선택한 사람이 압도적으로 많다.

사람은 눈앞의 이익에 대해서는 손실회피를 우선시하지
만, 만약 이미 손실이 있으면 손실 그 자체를 회피하려고 하기
때문이다.

프로스펙트 이론의 사례

프로스펙트 이론은 '손실회피의 법칙'이라는 별명으로도 불린다. 사람은 눈앞의 이익은 얻으려고 하지만 손실이 있으면 그것을 회피하기 위해서 리스크를 지려고 한다.

• 도박판의 사례 •

도박판에서 패색이 짙으면 모 아니면 도로 판돈을 크게 걸고 손실을 만회하려고 한다. 그 결과, 크게 잃을 가능성이 많다.

• 적자 사업의 사례 •

적자 사업으로 철수해야 할 판에 과거에 비용을 들여 투자한 것이 아깝고, 흑자가 될지도 모른다고 낙관적으로 생각해 그만두지 못한다.

• 디메리트의 사례 •

이익을 강조하기보다 손해를 강조하면 손실회피 심리를 자극당해 그만 사고 만다.

• '당일 한정'의 사례 •

'오늘만 30% 세일'이라고 고지가 붙으면 눈앞의 이익을 획득하고 싶다는 욕망에 자극당해 결국 불필요한 물건을 사게 된다.

• 환불 보장의 사례 •

'마음에 들지 않으면 전액 환불 보장'이란 소리를 들으면 그만 안심을 해, 별로 필요도 없는 것을 쓸데없이 사고 만다.

사람은 항상 냉정하고 합리적인 판단만 하지는 않아.

행동경제학은 이런 관점을 바탕으로 인간의 행동을 밝혀내고 있지!

경제 토막지식

행동경제학이 발전한 데에는 2명의 유대인 심리학자의 공적이 크다. 아모스 트버스키Amos Tversky와 대니얼 카너먼Daniel Kahneman은 "인간의 의사결정은 후회를 최소한으로 하기 위해 일어난다."고 주장했다.

CHAPTER 2

프레이밍 효과로 행동경제학을 풀어낸 '넛지 이론'

2017년 노벨 경제학상을 수상해 주목을 받은 것이 시카고 대학의 행동경제학자 리차드 탈러Richard H. Thaler 교수의 '넛지 이론 Nudge theory'이었다.

넛지란 '옆구리를 가볍게 찌르다'라는 의미이다. 탈러 교수는 실증 연구를 통해 인간의 의사결정은 규제나 벌칙 등으로 움직이기보다 '넛지 이론'으로 간단하게 유도할 수 있다는 것을 증명해보였다.

행동경제학은 휴리스틱과 바이어스편견에 의한 지식의 영향이 중시되지만 '넛지 이론'은 사람이 전혀 의식하지 못한 사이에 행동을 변화시킨다는 것에 특징이 있다.

예를 들어, 초밥집의 대표 메뉴로 2,000엔짜리 소나무 정식과 1,500짜리 대나무 정식, 1,000엔짜리 매화 정식이 있다고 가정할 때, 가장 중간인 1,500엔짜리 대나무 정식이 가장 잘 팔린다는 것은 잘 알려져 있다. 가장 비싼 소나무 정식은 다소 가격이 높아 기대에서 벗어나면 실망이 크기 때문에 멀리하고,

가장 싼 매화 정식은 너무 저렴하다는 생각이 들어 중간에 있는 메뉴인 대나무 정식을 고르게 되는 것이다. 그것이 넛지 이론에서 말하는 '프레이밍 효과Framing Effect'이다.

네덜란드 암스테르담의 스키폴 공항의 소변기 안쪽에는 파리 그림이 그려져 있다. 최근 들어 적잖은 나라의 남자 소변기에는 파리 등이 그려지는 추세다. 그런데 이것만으로도 청소비를 80% 삭감한다는 보고가 있다. 사람은 표적이 있으면 거기에 명중시키고 싶어 하는데 이런 심리를 적용한 것이다.

넛지 이론에서는 선택의 구조적 장치가 움직이고 있다. 영국의 경우 운전면허증 신청 시 '장기제공을 할 건지? 하지 않을 건지?'라고 하는 선택지에 답해야 했다. 이 경우에는 '예스'라고 답한 사람이 적었다. 하지만 장기제공을 할 것을 전제로 하고, '노'라고 답한 경우에만 한해 '장기제공을 하지 않는다.'라고 했더니 장기제공자가 급증하는 결과로 이어졌다.

많은 사람들의 행동을 변화시키고 싶을 때에는 메리트를 설명하기보다 넛지 이론을 적용해 사고의 구조프레임을 약간 변화시키면 좋다.

거리에서 볼 수 있는 '넛지 이론'의 성공 사례

사람의 의사결정을 규제나 벌칙 등으로 움직이게 하는 것이 아니라 간단하게 마음을 유도해 움직이게 하는 이론이 '넛지 이론'이다. 깨닫지 못하는 사이에 행동해버리는 것이 특징이다.

• 줄서기 장려 사례 •

사람이 늘어서는 경우가 많은 가게 등은 다른 가게에 피해를 주지 않도록 바닥에 줄서는 위치를 표시해 깔끔하게 줄서게 한다.

• 레스토랑의 메뉴 표시 사례 •

메뉴판에 줄줄이 나열되어 있는 요리나 드링크에 '점장의 추천!'이나 '가장 인기!' 등을 표시하면 주문을 촉진시킬 수 있다.

• 방치된 자전거 대책 사례 •

방치된 자전거로 골머리를 썩고 있는 장소에 '여기는 불필요한 자전거를 버리는 장소입니다. 자유롭게 가져가셔도 됩니다.'라는 간판을 설치에 일거에 문제를 해소한다.

• 소변기 사례 •

'항상 깨끗하게 사용해주셔서 감사합니다.'라고 감사의 문구를 전달함으로써 청결하게 이용할 것을 촉구한다.

• 지구 환경보호의 사례 •

'지구 환경보호를 위해 시트 교환을 희망하지 않는 고객은 이 팻말을 침대 위에 놓아주세요'라고 쓰인 팻말을 설치한다.

약간의 아이디어로 사람들을 유도할 수 있다!

$ 경제 토막지식

넛지 이론은 행동경제학의 실전판이다. 넛지는 선택의 여지를 남기고 있기 때문에 사람들에게 자발적으로 선택했다는 느낌을 들게 해 스트레스를 남기지 않는다. 계산대 앞 바닥에 발자국 표시를 해 놓으면 사람들은 자연스레 줄을 서게 된다.

CHAPTER 3

메시지로 바뀌는
인간의 행동심리

메시지에는 긍정적인 내용의 것과 부정적인 내용의 것이 있다.

이 두 가지 모두, 인간의 행동심리에 영향을 준다.

살찐 사람에게 다이어트 식품을 권유하는 경우, '이 다이어트 보조제를 먹으면 살이 빠진다.'고 하는 것보다 '이 다이어트 보조제를 먹지 않으면 계속해서 살이 뒤룩뒤룩 찐다.'고 말하는 편이 손실감이 더 커서 인상에 남게 된다. 이것도 사고의 구조를 변화시키는 프레이밍 효과이다.

'이 수술의 성공률은 90%다.'라는 소리를 들으면 수술을 받겠다는 마음이 들겠지만, '이 수술의 사망률은 10%다'라고 위협을 받으면 불안한 마음이 커져 고민을 하게 된다. 사람은 손실을 강조하면 손실을 회피하려고 마음이 치우치는데 이는 행동심리학의 가르침 그대로이다.

이렇듯 불안감이나 공포를 부채질해 상대의 행동을 움직이게 하는 것을 '공포 소구fear appeal'라고도 한다.

그리고 심리학에서는 행동을 촉진시키는 효과의 경우 긍

정적인 메시지보다 부정적인 메시지 쪽이 강하다는 것이 증명되었다. 하지만 공포 소구는 너무 지나쳐서는 안 된다. 너무 위협을 주면 사고의 구조를 바꾸기는커녕 상대를 불쾌하게 만들어 거절반응을 이끌어 낼지도 모른다.

'당신, 내 명령에 따르지 않으면 모가지야!'라는 등의 말을 던져서 권력 폭행소동이 일어나서도 안 된다. '더 활약할 수 있는 부서가 있을까?'정도로 만류하는 편이 효과적이다. 추상적인 표현이 상대를 이것저것 상상하게 만들어 불안감도 커지기 때문이다. 단, 자기가 하고 싶은 말만 하지 말고, 마지막에는 긍정적인 메시지로 마무리해야 한다. '이것도 자네의 타고난 지혜와 뛰어나고 재빠른 행동력에 기대하고 있기 때문이야. 부탁하네.'라는 식으로 상대에 대해 좋게 마무리하는 것을 잊지 않는 것이 중요하다.

'프레이밍 효과'란 '사고의 구조'를 바꾸는 것이다.

사실은 단점이라 해도 말하는 방법에 따라 설득할 수 있다!

·부정·		·긍정·
이 수술의 사망률은 10%다.	←→	이 수술의 성공률은 90%다.
타우린이 1g밖에 들어 있지 않다.	←→	타우린 1000mg이 들어 있다!
건강을 지켜주는 이 저수기는 3만 엔이다.	←→	3년 분할 납부로 하루에 불과 28엔으로 건강을 지켜주는 정수기다.
일본인! 130명 중에 1명 꼴로 구입!	←→	애용자 100만 명 돌파!
이 복권의 당첨확률은 10만 분의 1이다.	←→	이 복권으로 100만 엔 이상 당첨될 사람은 5천 명이나 된다.
중국의 인구는 14억 명이나 있다.	←→	세계가 100명의 마을이라면 중국인의 수는 20%정도이다.
벌써 40살이나 되었다.	←→	아직 40살밖에 되지 않았다.
시끄러운 현장이다.	←→	활기가 넘치는 직장이다.
저 사람은 꽤나 뚱뚱하네.	←→	저 사람은 상당히 관록이 있네.
저 사람은 우유부단해.	←→	저 사람은 매우 사려 깊어.
냉혹하고 비정해.	←→	엄숙하고 샤프하네.
정말 서투른 작품이네.	←→	상당한 작품이네.

> 실패를 했다고 쳐져 있어서는 안 된다. 그것은 실패한 것이 아니다. 잘되지 않는 방법을 발견했을 뿐이다.

💲 경제 토막지식

책의 띠지에 '10만 부 돌파!'라고 써 있으면 무심코 손에 들게 된다. 많은 사람들이 샀다고 하는 메시지가 사회적 증명이 되어 안심이 되기 때문이다. 인기 베스트3 등도 같은 효과이다.

CHAPTER 4

무의식을 계속 자극하라
: 프라이밍 효과

프라이밍이란 점화약, 기폭제, 펌프에 넣는 '마중물'이라는 의미의 단어로, 행동경제학에서 마케팅을 논할 때도 등장하는 단어 중 하나다.

예를 들어 무더운 여름을 연상시키는 사진 몇 장을 본 후에 갑자기 수박이나 아이스크림, 빙수가 먹고 싶어진 적이 있을 것이다. 혹은 교통사고의 비참한 영상을 본 후에는 자동차를 운전할 때 신중해진 적도 있다.

이것은 무의식중에 선행하는 자극프라이머의 처리가 후속하는 자극타깃의 처리에 영향을 미쳐, 촉진하거나 억제하는 움직임을 나타내는 것을 말한다.

사람은 과거의 풍부한 경험을 바탕으로 모든 것을 냉정하게 판단하고 있는 것처럼 생각하기 쉽지만 실제로는 위와 같이 직전에 본 것이나 경험한 것이 그 뒤에 따르는 행동에 영향을 주고 있는 경우가 많다.

추운 겨울이 되면 TV에서는 자주 봉지 라면이나 컵라면의

CF가 흘러나온다. 이것은 '슈퍼마켓이나 편의점에 갔을 때 저 것을 사두자'라고 하는 마음을 불러일으키게 하기 위한 것이다.

사람은 TV 광고, 그 날의 풍경, 잡지나 인터넷에서 읽은 기 사, 촉감이나 향과 같은 것에 의해 무의식중에 움직이게 되고 만다.

1931년부터 시작된 미국 코카콜라의 크리스마스 광고는 마케팅의 훌륭한 성공 사례라고 일컬어지고 있다. 큰 덩치에 새빨간 옷을 두르고, 하얀 수염을 기른 따뜻하고 밝은 산타클 로스의 모습은 이 광고가 기원이 되었기 때문이다.

사실 그 이전에 산타클로스의 이미지는 세계마다 제각각 달랐다. 코카콜라가 탄생시킨 이 산타클로스가 아름답게 콜라 를 마시는 모습이 세계적으로 펴져 콜라의 매출에도 공헌을 한 것이다.

프라이밍 효과를 활용하자!

• 이것이 프라이밍 효과 •

선행하는 자극 (프라이머)	영향	후속하는 자극 (타깃)

• 촉진 효과 •

채소를 많이 먹으면
건강에 좋다고 하는
정보를 전하는 뉴스를 봤다!

점심으로 뭘 먹지?
맞아,
채소 볶음 정식을 먹자!

• 억제 효과 •

역 계단을 빠른 걸음으로
내려가던 사람이 굴러서
다치는 장면을 목격했다!

어느 샌가
천천히 조심스럽게
걷게 된 자신을 발견했다!

인간의 뇌는 직전에 봤거나 들은 것에 대해서 큰 영향을 받아 깨닫
지 못하는 사이에 행동으로 드러내고 만다!

경제 토막지식

아이들의 놀이 중 '10번 피자, 피자라고 말해봐!'라고 상대가 '피자, 피자, 피자…'라고 말
하게 한 뒤 마지막에 '이것은 무엇?'이라며 팔꿈지(일본어로 히지)를 가리키면 무심코 '무
릎(일본어로 히자)'라고 말하고 마는 놀이가 있다. 이것도 프라이밍 효과이다.

CHAPTER 5

귀에도 소비 감성이 달렸다
: BGM 효과

감성 마케팅에서 중요한 것으로 사람의 청각을 자극하는 BGM배경음악효과가 있다. 슈퍼마켓이나 백화점, 레스토랑이나 마사지 숍과 같이 긴장감이나 불안감을 해소시켜주는 시설에서는 BGM이 필수이다. 소비를 촉진시키도록 고안된 것이기 때문이다.

구체적인 효과에는 주로 이 세 가지를 예로 들 수 있다.

첫 번째는 '마스킹 효과masking effect'라고 불리는 것이다. 마스킹에는 '덮어 가리다, 뒤덮다'라는 의미가 있다. 즉 다른 불필요한 소리를 가리는 효과를 말한다. 예를 들어 BGM을 틀어놓음으로써 외부의 소음 등을 차단하는 효과가 있을 것이다. 이것으로 독자적인 환경공간을 만들 수 있다.

또한 레스토랑 등에서는 주방에서 요리하는 소리, 식기를 닦는 소리 등을 없애주고 다른 자리의 고객의 말소리를 알아듣기 힘들게 만들 필요도 있다. BGM이 전혀 없는 공간에서는 잡음이 울려 퍼져 차분한 공간을 연출할 수 없기 때문이다.

두 번째는 '이미지 유도 효과'이다.

고급스런 느낌을 연출하거나 평온함을 연출함으로써 품격 있는 환경을 만들어낸다. 혹은 경쾌한 BGM을 틀어놓음으로써 즐겁거나 마음을 들뜨게 하는 효과를 얻을 수 있다. BGM으로 크리스마스나 새해라고 하는 계절감을 연출하는 것도 시즌 상품 판촉으로 이어질 수 있을 것이다.

세 번째는 '감정 유도 효과'이다.

고객의 기분을 평온해지도록 유도하고 느긋하고 편안한 기분을 느끼게 함으로써 안심감을 확산시키고, 소비의욕을 환기시킨다. 심리학 실험을 통해 느린 템포의 BGM은 고객의 발걸음을 늦추게 하거나 가게 내에서 머무는 시간을 길어지게 해 매출 향상에 기여한다는 사실이 알려졌다.

BGM이 초래하는 효과

•촉진 효과•

| 마스킹 효과 | 이미지 유도 효과 | 정보 유도 효과 |

| 소음이나 쓸데없는 소리를 가려 버린다. | 고급진 느낌이나 서민적인 분위기 등의 이미지를 연출한다. | 평온하게 하거나 안락한 음악을 연출해 고객의 기분을 쾌적하게 유지한다. |

· 음식점에서 빠른 템포의 곡을 틀어놓으면 회전률이 빨라진다.

· 슈퍼마켓이나 백화점에서 느린 템포의 곡을 틀어놓으면 매출
이 향상된다.

· 계절감을 느끼게 하는 곡을 틀어놓으면 시즌 상품이 팔린다.

· 오락실에서 빠른 템포의 곡을 틀어놓으면 매출이 향상된다.
(용감한 군함 행진곡 등)

· 사무실 공간에 쾌적한 곡을 틀어놓으면 생산성이 오른다.

BGM에는 다양한 효과가 있어요!

고객의 구매행동은 그 가게에서 흘러나오는 BGM의 내용에 따라 크게 영향을 받는다!

─《 $ 경제 토막지식 》─

'모차르트 효과'라고 알고 있는가? 모차르트의 음악이나 다른 클래식 음악을 들으면 그 후 수분 동안 몸과 마음에 좋은 영향을 미친다고 하는 설이다. 여기에 대한 다양한 실험결과와 논쟁이 계속되고 있다.

CHAPTER 6

아울렛 매장의 할인 공세는 '현명한 꼼수'다

고급 브랜드 제품에는 뿌리 깊은 팬들이 있다. 고가의 제품을 소유함으로써 자기과시욕이 충족되어_{베블렌 효과}, 자신은 고급 브랜드 제품에 걸맞는다는 기분에 빠져들기 때문이다_{자기확장·확대 효과}. 이것이야말로 고급 브랜드 제품이 합리적인 가격이 아니라 고가인 이유이다.

이를 위해, 이런 고객의 심리를 배신하는 듯한 바겐세일 개최를 절대 동일한 점내에서 하지 않는다. 고급 브랜드 제품이라는 지위가 흔들리기 때문이다.

하지만 상품 판매라고 하는 것은, 기회손실_{재고가 없어서 팔지 못하는 것}을 없애기 위해 상품을 너무 많이 만들어버리는 위험과 표리 관계에 놓여 있다.

즉 팔다 남은 물건이 생기기 쉬운 그런 업태인 것이다. 팔고 남은 제품을 땡처리하지 못하면 제작 원가는 그대로 손실로 남는다. 여기서 고안해낸 것이 아울렛몰이라고 하는 현명한 판매 거점의 확립이다.

아울렛 매장은 1980년대에 미국에서 생겨난 업태이다. 초창기에는 공장의 한 귀퉁이에서 이유 있는 상품 등을 자질구레하게 파는 형태였다. 하지만 이윽고 다소 불편한 입지에 브랜드 제품의 점포를 다량으로 모아놓게 되었다. 고객들은 고급 브랜드 제품을 싸게 판매하고 있다는 생각이 들면 불편한 장소라고 해도 자동차나 관광버스를 타면서까지 먼 거리의 아울렛몰에 쇼핑을 하러 간다.

애초에 고급 브랜드 제품은 고객에게 있어서 가성비 좋은 상품은 아니다. 그 증거로 진품과 잘 구별이 되지 않는 정교한 가품이 값싼 가격에 시중에 나돌고 있지만 원가는 판매가의 20%도 하지 않는다. 이처럼 고액의 판매가가 앵커링배의닻효과이 되어 아울렛몰이 싸다고 하는 착각을 일으키게 만든다.

기업은 아울렛몰에서 30~70% 세일이라고 하는 저가에 팔아도 원가 이하로는 떨어지지 않는 분위기 때문에 충분이 이익을 얻을 수 있다.

고급 브랜드 제품은 부가가치분이 크다!

원가 5~20%	부가가치 80~95%

아울렛몰
: 원가가 싸기 때문에 아울렛몰에서 30~70% 세일을 해도 이익이 난다.

• 한국 아울렛 매장 현황표 •
2018.4 기준

회사명	매장명	매장수
이랜드리테일	2001 아울렛	8
	뉴코아아울렛	17
	NC뉴코아몰	19
	동아	6
롯데쇼핑	롯데프리미엄아울렛	5
	롯데아울렛	13
	롯데팩토리아울렛	2
현대백화점	현대프리미엄아울렛	2
	현대시티아울렛	4
신세계사이먼	프리미엄아울렛	4
모다	모다 아울렛	14
세이브존	세이브존	9
마리오	마리오아울렛	3
LF네트웍스	LF스퀘어	3

경제 토막지식

한국에서는 1995년 이랜드의 2001 아울렛을 시작으로 다른 업체들도 아울렛 시장에 가세하여 아울렛 매장이 늘어났다. 2000년 이후 대형 유통업체들이 쇼핑몰과 비슷한 형태로 아울렛을 개설하고 있다. 창고개방형 매장도 생겨났다. 2017년에는 전국 110개가 운영되고 있다.

CHAPTER 7

색깔이 인간의 행동 심리를 자극한다?

색이 인간의 행동에 미치는 힘은 무시할 수 없다.

예를 들어, 병원은 천장이나 벽에 파란색이나 흰색과 같은 차가운 계열의 색이나 무채색을 사용해 청결감을 나타낸다. 패스트푸드 가게에서는 회전율을 높이기 위해 머무는 시간이 길다는 느낌을 주는 붉은색 계열이나 다갈색 계열과 같은 따뜻한 계열의 색이 주로 사용된다.

또한 색에는 무게를 이미지화시키는 효과도 있다. 흰색, 연두색, 검은색 이 3가지 색이 각각 칠해진 동일한 모양의 골판지 상자 3개를 옮기는 실험을 했다. 그 결과 검은색 상자가 가장 무겁게 느껴졌는데 실험자들은 가장 가벼운 느낌이 든 흰색 상자에 비해 무려 2배에 달하는 무게를 체감했다. 연두색은 이들의 중간으로 흰색과 비슷한 수준의 무게를 체감했다. 이처럼 흰색은 경쾌한 느낌이 있기 때문에 주로 운동화나 체조복 등에 사용된다.

이러한 유니폼 효과의 예로 경찰관이나 경비원, 장의사

등의 제복에는 주로 검은색 계열이 사용된다. 권위나 엄격함을 떠올리게 하는 색이기 때문이다. 또한 경기용 유니폼에 검은색 계열을 많이 사용하면 중후한 느낌이 증가해 실제 힘 이상으로 강한 이미지를 불러일으킨다.

기업이 불상사를 일으켜 임원진들이 사죄를 하는 장면을 보면 전원 검은색 계열의 어두운 정장을 걸치고 있다. 흰색 계열이나 밝은 색 정장은 반성한다는 느낌이 전해지지 않기 때문이다. 주변 사람들에게 가벼운 이미지라는 평을 얻고 있는 사람은 검은색 계열의 정장을 입으면 중후한 느낌을 이끌어낼 수 있을 것이다.

색채에는 이처럼 이미지가 따라다닌다.

또한 붉은색은 특히나 강력한 힘이 작용한다고 알려져 있다. 미국에서 실시한 레스토랑 실험 중에는 직원들이 붉은색 셔츠를 입었을 때 팁이 가장 많았다라고 하는 유명한 실험마저 있다. 붉은색은 피의 색으로, 일반적으로 눈길을 끌고 남녀 통틀어 그 인물을 매력적으로 비추게 하는 효과가 있다고 한다. 즉 붉은색은 옷차림 어딘가에 들어 있으면 정열적, 섹시함으로 매료시키는 인기를 얻는 색인 것이다.

색채가 미치는 심리효과

빨강: 흥분 · 정렬 · 분노 · 환희 · 불꽃 · 태양 · 적극성 · 활발함
파랑: 진정 · 청결 · 냉정 · 상쾌함 · 개방감 · 바다 · 하늘
노랑: 주의 · 명랑 · 활달 · 유쾌 · 천진난만 · 유아성
초록: 숲 · 자연 · 안심 · 휴식 · 생기 · 신선 · 새싹
검정: 중후 · 강인함 · 불굴 · 엄격 · 격조 · 풍격 · 위엄
흰: 청결 · 순결 · 개방감 · 순진 · 눈 · 구름
분홍: 귀여움 · 사랑 · 연심 · 동심 · 꿈 · 어리광

• 공간효과 •

- **병원**: 흰색이나 파란색을 바탕으로 해 청결감을 연출
- **패스트푸드**: 기본적으로 디갈색이나 짙은 크림색 등 따뜻한 계열의 색을 사용해 오랫동안 머물고 있다는 착각을 하게 함으로써 회전률을 높인다.

• 복장(유니폼) 효과 •

- **검은색 계열**: 위엄이나 강인한 이미지를 준다.
- **흰색 계열**: 청결한 이미지를 준다.
- **노란색 계열**: 천진난만하고 밝은 이미지를 준다.
- **분홍 계열**: 귀여운 이미지를 준다.
- **푸른색 계열**: 시원하고 상쾌한 이미지를 준다.

인간의 뇌는 우리가 알지 못하는 사이에 시각으로부터 입수한 정보에 좌우되고 만다. 인간의 행동과 눈앞의 색 사이에는 큰 관계가 있다.

⑤ 경제 토막지식

'퍼스널 컬러 진단'이란 우리가 '좋아하는 색'과 '어울리는 색'은 다르기 때문에 그 사람의 피부색이나 머리카락 색에 맞춰 그 사람이 눈에 띄도록 어울리는 색을 고르는 것이다. 이는 자신의 승부색을 아는 데 꽤나 편리하다.

2017년 일본 화장품업계의 시장규모는 약 360억 7천만 달러로 미국과 중국에 이어, 세계 3위 수준이다. 일본 화장품 기업들 중 시세이도, 가오KAO, 코세, 폴라오르비스 이 4대 화장품 대기업의 시장점유율은 70%를 차지했고 나머지를 중소기업과 영세기업 천 수백 군데가 서로 쟁탈하는 그런 구조이다.

한편, 2017년 한국 화장품업계의 시장규모는 2017년 125억 6천만 달러로 미국, 중국, 일본, 브라질, 독일, 영국, 프랑스, 인도에 이어 9위 수준이다. 한국 화장품 시장을 주도하는 업체로는 아모레퍼시픽, LG생활건강, 에이블씨엔씨미샤, 해브앤비닥터자르트 등이다.

그런데 여기서 의문이 있다. 화장품의 가격의 비해, 화장품의 원가가 아주 저렴하다는 점이다. 이것은 공공연한 업계의 완전 비밀이며 상식이다. 기초 화장품의 원료는 물과 오일이 대부분이기 때문이다.

물과 오일을 서로 섞이게 만들어주는 합성계면활성제 외

에 색소, 향료, 방부제가 들어가고 여기에 특수성분이 아주 조금 들어간다. 고가라고 불리는 히알루론산은 단 1그램cc만으로도 4리터의 보수保水효과가 있기 때문에 화장품의 용량 전체의 1~2% 차지할까 말까이다. 1그램에 50엔 정도하는 히알루론산을 불과 0.1cc만 집어넣어도 촉촉한 효과는 만점이 되고 원료비는 5엔으로 끝이 난다.

천 엔에 판매되는 화장품 내용물의 원료비는 10엔 정도로 오히려 용기 비용이나 상자 비용이 더 비싸다. 용기나 포장 상자는 50~100엔이나 든다. 화장품은 내용물보다 화장품 용기나 상자 비용이 더 비싼 이상한 제품이다. 메이크업 제품도 마찬가지로 원가가 아주 저렴하기 때문에 새로 업계에 뛰어들려고 하는 기업이 끊이지 않는다.

화장품 기업은 기업이라고 해도 대부분 OEM 방식original equipment manufacturing, 주문자가 외부 기업에 제조 위탁하는 제조 방식가 진행되고 있다. 외주로원재료제조·유화乳化·향료·연마가공용기·패키지제조 만들어주는 기업이 일본에만 7천군 데 넘게 북적거리고 있기 때문이다.

그런데 화장품 업계에 진입하는 것은 쉽지만 경쟁은 치열하다. 이미 화장품 대기업이 광대한 판매망의 기반을 쌓아올리고 있기 때문이다. 업태로는 제조 회사, 방문판매 회사, 통신판매 회사, 일반 제품 회사, 100엔 샵 전용 회사 등이 있는데 상품의 인지도를 올리기 위해서는 막대한 광고비나 판촉비가 들어간다. 즉 살아남기란 극히 어렵다. 하지만 화장품은 꿈을 파는 것이기 때문에 고가의 제품일수록 더 효과가 있다고 착각을 하게 만든다.

화장품의 원재료비는 아주 저렴하다!

• **90%는 물과 오일** •

- 합성계면활성제 / 색소 / 향료 / 방부제 / 특수성분(아주 조금)

  *화장품 내용물의 원가는 5~15엔 정도

  *오히려 용기나 상자 비용이 수십~백 수십 엔 한다.

> 제품 원가 100엔인 화장품을 3,000엔에 팔면 원가율은 3.3%에 불과하다 1만 엔에 팔 경우 원가율은 0.1%이다.

내용물은 놀라울 정도로 저렴했다!

스킨: 1~2엔	로션: 2~3엔	크림: 5~20엔	립스틱: 5~10엔	파운데이션: 20~30엔

동물의 경우 수컷의 외모는 암컷보다 화려하다. 암컷을 유혹하기 위해서인데 사람의 경우 남성보다 여성이 화장품으로 외모를 가꾼다. 인간사회에서는 여성이 남성이 유혹할 필요가 있기 때문이라고 말한다.

CHAPTER 9

한 번도 당첨 안 되는데도 사람들이 매주 복권을 사는 이유는?

일본에서 복권의 연간 판매액은 2017년도 기준 7,866억 엔이었다_{전년 대비 6.9% 감소}. 정점을 찍었던 2005년도에는 판매액이 1조 1천억 엔이었으니 30% 가깝게 줄어든 것이다. 전체의 40%에 달하는 점보 복권의 판매부진이 영향을 미친 듯하다.

인기의 쇠락에 위기감을 느낀 것일 터이다. 1등의 당첨금 액은 계속해서 올라가서, 오늘날 일본식 연금 복권의 당첨금은 1등과 그 앞뒤 번호 당첨금을 합쳐서 10억 엔이나 된다.

한편 한국에서 2019년 로또 복권 판매액은 4조 3천억 원으로 2018년_{3조 9천 687억 원}보다 8.8% 증가했다. 일본과 달리, 한국은 장기적 경기 불황기에 접어들면서, 복권에 대한 기대가 국민들 사이에 일었기 때문인 걸로 판단된다.

그런데 사실 복권은 국가가 벌이는 공영수익사업 중에서도 가장 효율이 나쁜 도박이다. 일본의 경우, 경마나 경륜, 경정_{競艇}, 오토 레이스의 환원율이 75%에 달하는 반면, 복권은 46.8%에 불과하다. 민영 오락실_{파칭코}의 경우 환원율이 85%에 달하는 경우도 있다. 게다가 1장에 300엔인 복권의 1등 당첨 확률은 1천만 분의 1이다.

'복권은 사지 않으면 절대 당첨되지 않는다'라고 하는 호객 소리에 등 떠밀려 충동구매를 하는 사람도 적지 않을 것이다. 하지만 복권을 계속해서 구입하는 사람은 다음과 같은 다양한 인지 편향Cognitive Bias에 속고 있기 때문에, 복권 당첨이 되지 않음에도 매번 복권 구매를 멈추지 못한다.

* 정서 향성Emotional bias – 자신만은 당첨될지도…라고 하는 낙관적인 사고로 들떠 있다.
* 확증편향confirmation bias – 고액의 당첨자의 70%가 장기간 구입한 사람이라는 도시전설을 믿는다.
* 정상화 편향Normalcy bias – 2.4시간마다 천만장자가 탄생하기 때문에 복권을 사는 것은 옳다고 생각한다.
* 상실불안 편향 – 구매를 그만두면 지금까지 투자한 비용과 노력이 헛것이 된다고 생각한다.
* 집단 동조성 편향 – 행렬을 보면 자신에게도 기회가 있을 것이라고 생각한다.
* 정당화 편향 – 운이 있을 때는 자신이, 없을 때는 다른 사람을 이용해서 구입한다.
* 앵커닻 편향 – 끗발이나 운이 없는 사람이 당첨되면 자신도 당첨될 것이라고 생각한다.

• 한국 복권 수입금의 분배 •

당첨금 50% : 당첨자에게 지급(8% 당첨세금)	수수료 8~10% : 복권판 매점, 위 탁사업 자, 운영 부가세	복권기금사업 40~42% : 과학기술, 국민체육, 근로복지, 중소기업, 보훈복지, 임대주택 등

복권 분배금의 흐름
은 투명해야 한다는
목소리가 커지고 있
는데 아직도 불투명
한 상태야!

경제 토막지식

특정일에 냉동식품을 반값 할인을 하는 이유
슈퍼마켓의 냉동식품 코너에 가면 때때로 반값 할인을 하고 있다. 이를 보면 대량구매
의 기회라고 생각할 것이다. 이 반값 할인은 유통기한이 얼마 남지 않아서 땡처리하는
것이 아니다. 냉동식품을 반값 할인하는 것은 '미끼 상술'이다. 정가가 '앵커(선박의 닻)'
으로써 주입된 결과, 반값 할인에 '싸다!'고 반응해버리고 마는 것이다.
심리학에서는 이것을 '앵커링 효과'라고 한다. 냉동식품은 '부당경품류 및 부당표시방
지법'에 접촉되지 않도록 보통은 2배의 정가로 판매한다. 실제로 정가대로 판매하는
기간이 있다면 반값 할인도 거짓이 아니게 된다. 만약 정가대로 판매한 적이 없는데도
'50% 할인'을 하면 그것은 위법이다.
엄밀히 말하자면 할인 판매 표시를 하기 이전 8주 이내에 절반 이상의 기간(4주간)에 대
해 정가대로 판매한 실적이 있으면 반값도 허위표시가 아니게 된다.
냉동식품은 반값에 해당하는 금액이 원래 제조사가 희망하는 소매가인 것이다.

일반적으로 음식점의 원가율은 30%이하가 정석이다. 그렇지 않으면 인건비, 임대료, 수도세, 전기세 등이 매출을 초과해 적자가 되고 만다. 하지만 패스트푸드의 대명사인 햄버거, 소고기 덮밥, 초밥집에서는 간판 메뉴의 원가율이 모두 40%를 초과한다.

예를 들어, 햄버거의 경우 번**빵**이 10엔, 고기가 18엔, 채소가 10엔, 소스가 7엔, 합계 45엔으로 100엔**세금 포함 93엔**에 제공할 경우 추정 원가율은 48%이다. 소고기 덮밥은 소고기가 80엔, 양파가 6엔, 소스가 30엔, 밥이 40엔, 합계 156엔으로 보통 사이즈를 380엔**세금 포함 352엔**에 제공할 경우 추정 원가율은 44%이다. 회전초밥의 경우 원가율은 더욱 높다. 성게가 85엔, 참치가 75엔, 연어알이 70엔, 방어가 64엔, 연어가 64엔, 한치가 54엔으로 이것들을 100엔에 제공할 경우 원가율은 숫자 그대로의 수치다.

100엔 회전초밥집의 숫자가 적어진 이유를 알 수 있을 것이다. 원가율이 높으면 영업이익률은 저공비행 상태가 된다. 소고기 덮밥 체인점은 모두 영업이익률이 1%대가 고작이다. 그런데 햄버거 체인점이나 회전초밥집의 경우는 5%를 초과하고 있다. 이런 차이는 어디에 있는 걸까?

사실 이런 차이는 사이드 메뉴가 알차게 구성되어 있는지 어떤지에 달려 있다.

소고기 덮밥 전문점은 사이드 메뉴에 강약이 없기 때문에 이익이 간당간당하다. 소고기 덮밥 전문점에서는 된장국의 원가율이 15%, 돼지고기 된장국이 20%, 바지락 된장국이 20%, 날달걀이 20% 정도이다. 반면 햄버거 전문점의 사이드 메뉴 원가율은 음료수가 2~5%, 감자튀김이 10~12%, 너겟이 9%이다.

회전초밥집의 경우에도 참치 마요가 10%, 오이 초밥이 10%, 계란 초밥이 20%, 새우 초밥이 25%이다. 원가율이 적은 상품과의 조합이 많으면 많을수록 매출총이익 믹스 전략에서 이익이 많이 발생하기 때문이다.

패스트푸드의 간판 메뉴의 원가율은 높다!

● 햄버거 93엔(세금 뺀 가격) ●

추정 원가율 48.3%

원가	빵 10엔
	고기 18엔
	채소 10엔
	소스 7엔
	합계 45엔

품목	피시버거	더블치즈 버거	데리야키 버거	커피M	콜라S	감자튀김M
세금 뺀 가격	296엔	296엔	296엔	139엔	93엔	250엔
추정 원가 (원가율)	80엔	85엔	82엔	5엔	3~4엔	30엔

● 소고기 덮밥 352엔(세금 뺀 가격) ●

추정원가율 44.3%

원가	고기 80엔
	양파 6엔
	소스 30엔
	밥 40엔
	합계 156엔

● 알찬 사이드 메뉴로 평균 원가율을 낮춘다 ●

소고기 덮밥: 된장국(15%), 돼지고기 된장국(20%), 바지락 된장국(20%) 날달걀(20%)로 적지 않게 이익을 압박한다.

햄버거: 음료 메뉴의 원가율이 적기 때문에 이익을 내기 쉽다.

회전초밥: 원가율이 낮은 알찬 초밥 메뉴들이 이익으로 이어진다.

🗒 한마디 메모

회전초밥집에서는 원가를 억누르기 위해서 대용어(代用魚)를 사용한다. 참치 대용으로는 버터 플라이 킹피시The butterfly kingfish, 빨간개복치가 있고, 지느러미살의 대용으로는 검정 가자미, 방어에는 흑점샛돔, 연어에는 무지개송어, 잿방어에는 만새기 등이 있다.

CHAPTER 11

청량음료 가격은
왜 2배나 차이 나는 걸까?

콜라나 주스와 같은 청량음료는 인터넷에서 대량구매를 하면 반값 정도에 살 수 있다.

단 싸다고 해서 똑같은 음료를 대량으로 구입하는 것은 지출도 커지는 동시에 놓아둘 장소로 마땅치 않다. 구매하지 않는다는 선택도 있는데 아이들이 있는 가정에서는 그럴 수도 없다. 여기서 아주 저렴하게 구입할 수 있는 편리한 방법을 기억해 두면 굉장한 이득이 될 것이다. 세상에는 저가자판기라는 것이 있는데 근래 들어 그 설치 대수가 증가하고 있는 경향이다. 이런 자판기를 발견해두면 좋다.

이는 청량음료에 한하지 않으며, 식품에는 반드시 '유통기한'이나 '소비기한'이 있다. 슈퍼마켓에서는 폐점 시간에 근접하면 반찬은 꼭 할인된 가격에 판매한다. 값싼 청량음료의 존재도 이것과 같은 원리가 적용되고 있다. 슈퍼마켓이나 편의점 등은 재고 관리 상 유통기한이 반년도 남지 않은 상품은 매입하지 않는다. 여기서 염가 자판기를 전문으로 취급하는 염가 벤더_{판매회사}가 등장하게 되었다. 이런 업자들은 유통기한이 반년 남은 상품만을 대상으로 취급하고 있다.

보통, 기업은 유통기한이 반년도 채 남지 않은 재고에 대해서는 일반 자판기에서는 1병에 120~160엔에 판매되는 청량 음료라도 제조 원가에 가까운 20~25엔 정도에 땡처리한다.

염가 자판기 업자는 이것을 자사 자판기에 추가하고 100엔, 50엔이라고 가격을 붙여 판매한다. 그리고 유통기한이 1개월 정도 남으면 1병에 10엔이라고 매입가 이하의 가격으로 땡처리를 한다. 이런 자판기는 어떻게 발견할 수 있을까? 직접 벤더에게 묻거나, 사람이 적게 오가는 장소, 빌딩 1층 등 일반 자판기로는 매출을 기대할 수 없는 장소를 찾으면 핵심 팬 전용으로 놓여 있는 것을 발견할 수 있을 것이다.

존재감을 늘리고 있는 염가 자판기

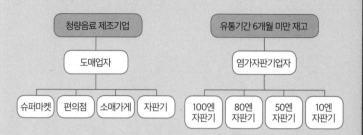

★ 일본에서 보통 자판기는 전기료가 월 3,000~5,000엔이 든다. 이 때문에 장소를 대여하는 사람은 하루 20병 이상 팔리지 않으면 적자가 나기 쉽다.(마진율이 10%인 경우)

★ 2017년도 말 시점에서 일본에 있는 약 244만 대의 음료수 자판기 중 값싼 가격을 자랑하는 자판기는 추정 약 3만 대에 달한다. 120대 중 1대 정도의 비율로 존재하고 있다.

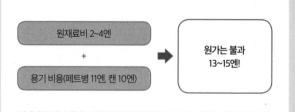

인터넷 등에서 대량 구매하면 절반 가격에 살 수 있는 이유는 음료의 원가가 저렴하기 때문이다.

📋 한마디 메모

청량음료에는 당분이 대량으로 들어 있다. 페트병 500ml 탄산음료에는 당분이 40~65g이나 들어 있다. 이것은 각설탕 10~16개에 해당하는 양이다. 너무 많이 마시지 않도록 주의하지 않으면 엄청 살찌게 된다.

일반적인 메밀국수 가게에서 메밀국수 메뉴를 보면 가격이 1천 엔 전후인 품목도 적지 않다. 하지만 왜 서서 먹는 메밀국수 가게의 메뉴는 300엔~400엔 대로 일반 메밀국수집의 절반 이하의 합리적인 가격일까?

여기에는 오랜 시간에 걸친 업계의 노력과 궁리가 있었다. 서서 먹는 메밀국수 가게의 메밀국수는 메밀가루가 10~20%이고 밀가루가 89~90%라는 경우도 적지 않기 때문이다. 때로는 100% 밀가루로 색깔만 메밀국수 색인 경우도 있다. 수입 밀가루는 저렴하고99%가 미국, 캐나다, 호주산으로 100g당 20엔정도 이것을 사용해서 메밀국수 색만 더하면 더할 나위 없이 우동에 가까운 메밀국수가 탄생한다.

메밀을 섞는 경우에도 국산 메밀가루는 100g당 100엔 전후나 하기 때문에 절반 가격인 수입산 메밀가루를 사용해 제면하고 있다대부분이 중국산. 하지만 이렇게 하지 않으면 특히 300~400엔 대 정도로는 메밀국수를 제공할 수 없다.

추정 원가는 '온 메밀'의 경우, 면이 밀가루 100%인 '메밀국수'의 경우는 20엔 전후, 메밀이 40% 함유되면 40엔 전후, 국물이 20엔 전후, 파가 3엔 전후로 한 그릇의 원가는 추정 43엔~63엔이다. 한 그릇 300엔에 제공할 경우, 원가율은 14.3~21% 정도이다.

　　토핑에 튀김원가40엔을 올려서 400엔 전후 가격에 제공하면 추정 원가는 20.75~25.7%정도이다. 또한 일반 메밀국수 가게에서 파는 그릇보다 국물이 적어도 먹을 수 있도록 20~30% 밑바닥이 오므라진 270ml 전후의 그릇을 사용한다. 이런 노력과 궁리 덕분에 메밀국수 가격이 저렴해도 역 앞 등지에 가게를 내 회전율로 승부할 수 있다. 근래에는 일반적인 익힌 면이 아니라 초단시간에 익힐 수 있는 생면을 사용하는 가게도 등장했다.

서서 먹는 메밀국수 가게 매출의 비밀

| 튀김 메밀국수 1그릇 400엔 | ➡ | 원가율 20.75~25.7% |

파 3엔 정도 ─

메밀국수
- 밀가루 면이면 20엔
정도, 메밀가루가 들
어가면 36엔 정도

─ 튀김 40엔

─ 국물 20엔 정도

그릇의 크기를 조절해
국물의 양 등을 적게
한다.

서서 먹는 메밀국수 가게는 '익힌 면'이 주류로, 보존성 관계 때문에 하루에
수차례 들여오는 수고가 들지. 최근에는 단기간에 익힐 수 있는 '생면'이 보급
되기 시작했어!

서서 먹는 메밀국수는 맛이 상당히 좋음에도 불구하고 합리적인 가격으로
제공할 수 있는 데에는 기업의 노력 등 다양한 사정이 있다.

📋 한마디 메모

메밀이 건강에 좋은 이유는 루테인이 함유되어 있기 때문이다. 루테인은 폴리페놀의 일종
으로 혈압을 낮추고 중성지방을 억제한다. 또한 항산화 작용을 해 피부를 아름답게 만들고
안티에이징 효과가 있다.

CHAPTER 13

상품권 판매점의 수익구조는 어떻게 책정되는 걸까?

상품권 판매점은 일종의 중고물품상이다. 중고물품상이란 중고제품이나 신제품을 매매·교환하는 업자를 말한다. 도난품이나 위조품이 환금이나 자금세탁을 목적으로 반입될 수 있기 때문에 관할서에서 법령강습을 받고 허가를 받은 사업자이다. 상품권 판매점은 리사이클 업자나 구제 의류 가게와 같은 중고물품상 중에서도 가장 매출 총이익률이 낮은 업태이다. 오히려 액면가의 94%로 매입한 티켓_{상품권}을 97%~98%에 판매하는 등 불과 2~3%의 차익밖에 얻지 못하는 장사이기 때문이다.

하지만 그럼에도 불구하고 하루 매출이 100만 엔이라면 차익이 3%일 경우 매출 총이익은 3만 엔, 매출이 200만 엔이면 6만 엔이 된다. 설령 하루 3만 엔이라도 월 25일 운영하면 75만 엔, 하루 6만 엔이라면 월매출은 150만 엔이 된다. 여기서 인건비와 임대료를 빼고 흑자가 나면 훌륭하게 장사로 성립되는 것이다. 최근에는 인터넷을 통한 전자 상품권 매매도 있기는 하지만 이 비즈니스는 역 앞의 사람의 통행이 많은 번화가에 가게가 없으면 성립하지 못한다. 인당 객단가가 1만 엔 이하로 박리다매를 해야 하기 때문이다.

역 앞의 등지에 가게를 준비하는 경우에도 상품권 판매점의 상품은 티켓_{상품권}이기 때문에 재고도 남지 않고 점포 규모도 1~3평 정도면 된다. 따라서 자투리 공간을 빌리면 임대료도 절감할 수 있다.

상품권 매입의 채널은 해당 상품권의 업체와 고객으로부터의 매입이다. 수량이 부족한 상품이 많으면 고객 수에 영향을 미치기 때문에 재고가 적으면 그때그때 구비하거나 품절인 경우에는 다른 상품권으로 돌리기는 경우도 있다.

바쁜 시간대는 회사원들의 점심시간이나 저녁때이다. 고객이 붐비는 시간에는 거스름돈을 잘못 준다든지 도난품이나 위조품을 매입하거나 하지 않도록 신분증 체크 등에 신경을 기울여야 한다. 이 업태는 범죄 방지의 이유에서 횡적인 연계가 긴밀하게 필요하다. 팔리지 않는 상품권도 서로 유통해 처분한다. 최근에는 온라인 전자 상품권이나 쿠폰 형식이 많아지고 있다.

상품권 판매점은 다양한 상품 구비가 중요

• 월액: 6,250만 엔(하루 매출 250만 엔 × 25일) •

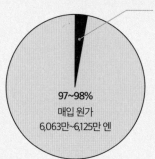

매출 총이익(3%)은 125~187만 엔
- 인건비 50만 엔
- 임대료 30만 엔
- 각종 경비 10만 엔
- 이익 35~97만 엔

97~98%
매입 원가
6,063만~6,125만 엔

상품권 판매점의 특징
1. 계산 실수를 하지 않는다.
2. 도난품 · 위조품에 주의
3. 다양한 상품권 구비

• 상품권 발행처의 수익 구조 •

1. 상품권을 판매하여 적립된 거대한 현금을 이용하는 선수금 활용 수익
2. 상품권을 정산하여 현금 상환하면서 생기는 수수료 수익
3. 분실 및 여러 가지 이유로 사용되지 않는 미회수 퇴장 수익

• 상품권 수익 과정 •

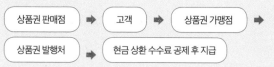

상품권 판매점 ➡ 고객 ➡ 상품권 가맹점 ➡

상품권 발행처 ➡ 현금 상환 수수료 공제 후 지급

상품권 판매점은 매출 총이익률이 극히 적지만 매출이 많으면 그 나름대로
이익이 발생한다.

💲 경제 토막지식

상품권은 실제 화폐와 동일한 가치를 가지고 있기 때문에, 누군가 위조하여 만들면 범법
행위로 처벌을 받는다. 이러한 상품권의 범법 행위를 막기 위해서, 각 상품권에는 위조
방지 기술로 제작된다. 최근에는 온라인 상품권도 많지만, 여전히 종이 상품권의 선호도
가 높은 편이다.

CHAPTER 14

고객이 100명 이상 필요한 세탁 대리점

세탁에서 다림질까지 해주는 개인 세탁소는 그 수가 점점 줄어들고 있다. 오늘날에는 대형 클리닝 회사의 대리점세인점들이 주류를 이루고 있다. 개인 세탁소는 단가가 점점 낮아지고 있는 업계에서 다공정, 대량 작업을 소화하지 못하면 결국 살아남기 힘들어졌기 때문이다.

복장의 캐주얼화, 형상기억 셔츠, 고기능 세탁기, 건조기, 스팀 다리미의 보급 등으로 세탁 수요를 빼앗겼다. 세탁 대리점은 프랜차이즈이다. 대형 클리닝 회사가 계약한 대리점에서 세탁물을 집하한 뒤 공장에서 재빠르게 마무리해서 다시 대리점으로 돌아오는 방식이다.

세탁 대리점의 수익은 어느 정도일까? 입지를 잘못 선정하면 금세 도태되는 힘든 업종이다. 즉 역 근처 사람의 통행이 많은 장소나 대형 아파트 단지, 오피스텔에 있는 고객들이 출퇴근이나 쇼핑을 하러 왔다가 잠깐 들릴 수 있게 하는 편리성이 무엇보다 중요하다. 객단가가 평균 1,000엔 정도이기 때문에 하루 50명이 들린다고 하면 하루 매출 5만 엔으로, 월 25일 일하면 월 매출은 125만 엔이 된다. 하지만 대리점의 수수료 수입이 25%밖에 되지 않기 때문에 이 매출로는 실수입은 31만 엔 정도밖에 되지 않는다. 여기에 인건비나 임대료 등 각종 경비를 제하고 나면 적자가 되어 도저히 생활을 유지해 나갈 수 없게 되는 것이다.

하루에 고객이 100명 오면 하루 매출은 10만 엔, 월 매출은 250만 엔이 된다. 그러면 수수료 수입이 62만 5천 엔이 되기 때문에 이것이라면 임대료만 절약한다면 각종 경비를 제하고 어떻게든 생활을 유지해나갈 수 있다.

세탁 대리점은 상품권 판매점과 마찬가지로 객단가가 적기 때문에 하루 100명 이상의 고객이 필요하다.

하루 100명의 고객이 필요

• 세탁 대리점의 수익 구조 •

고객이 하루 50명인 경우
- 객단가 1,000엔×50명=5만 엔(하루 매출)
- 5만 엔(하루 매출)×25일= 125만 엔(월 매출)

수수료

매출 125만 엔

31만 2,500엔

실제로는 적자!

31만 2,500엔

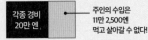

각종 경비 20만 엔,

주인의 수입은 11만 2,500엔 먹고 살아갈 수 없다!

고객이 하루 100명인 경우
- 객단가 1,000엔×100명=10만 엔(하루 매출)
- 10만 엔(하루 매출)×25일= 250만 엔(월 매출)

수수료

매출 250만 엔

62만 5,000엔

흑자!

62만 5,000엔

각종 경비 20만 엔

주인의 수입은 42만 5,000엔, 아르바이트생을 고용해도 어떻게든 생활을 유지할 수 있다!

인터넷 대리점이 늘고 있다!

• 일본 세탁 설비의 추이 •

연도	일반시설	대리점	특정 시설	무점포 대리점	합계
2016	24,336	69,929	3,511	1,933	99,709
2010	31,940	90,825	3,390	770	126,925
2005	39,638	105,134	2,360	263	147,395
2000	44,617	115,752	1,978	-	162,347
1997	47,218	115,752	1,997	-	164,225
1995	48,227	111,907	1,727	-	161,861
1990	51,621	101,385	1,856	-	154,862
1985	54,459	83,284	1,599	-	139,342
1980	58,546	58,811	1,611	-	118,968

피크!

⟨⑤ 경제 토막지식 ⟩

세탁소가 줄어드는 오늘날 오히려 점포수가 늘고 있는 것이 있다. 바로 코인 세탁소이다. 전 인구의 30% 이상인 1인 가구인 일본에서는 1997년에 1만 점포였던 것이 2018년 시점에서 2만 점포 정도로 2배나 증가했다. 한국에서는 2016년 1,200개 점포에서 2017년 1,700개 2018년 2,320개로 급속하게 증가하고 있다. 맞벌이 세대나 혼자 사는 세대 증가의 영향인 듯하다.

CHAPTER 15

핸드폰 통신료는
왜 이렇게 비싼 걸까?

직장인 가정에서 가족 전원이 대기업 통신사의 스마트폰을 사용하고 있다면 그 비용이 만만치 않다. 요금이 적어도 1인당 7천~1만 엔에 달하기 때문에 3인 가족이면 합계 2~3만 엔 정도가 든다. 연간으로 따지면 24만~36만 엔이 드는 셈이다. 피처폰이었을 때에는 어느 정도 절감할 수 있었던 비용이 스마트폰 시대에 들어서 한 단계 더 높아지고 있다.

스마트폰의 등장 이래 일본 통신 대기업들은 계속해서 호황을 누리고 있다. 2017년도 결산을 살펴보자. 소프트뱅크의 매출은 9조 1,587억 엔으로 영업이익은 1조 3,038억 엔, NTT도코모는 매출은 4조 7,694억 엔, 영업이익은 9,733억 엔, KDDI의 경우 매출은 5조 419억 엔, 영업이익은 9,627억 엔이었다.

모두 다 영업이익률은 두 자리 수로 소프트뱅크가 14%, NTT도코모가 20%, KDDI가 19%로 막대한 금액을 벌어들이고 있는 상태다. 일본을 대표하는 기업인 도요타조차도 영업이익률이 8%인데 반해 공공의 전파를 독점적으로 할당 받은 기업이, 회선 유지로 막대한 비용을 부담해 왔다고 쳐도 너무 벌어들이고 있는 것이다.

역시나 뭔가 잘못되고 있다고 느낀 총무성이 통신 대기업들의 실질 제로 엔 스마트폰의 판매를 금지하거나 2년 약정 제도의 시정을 행정 지도했다. 또한 염가 스마트폰을 제공하는 MVNO가상이동통신망사업자의 성장을 뒷받침해주어 이미 700개에 달하는 사업자도 생겨났다. 염가 스마트폰은 대기업 통신사 통신료의 절반 이하의 저렴한 금액이지만 최근에는 통신 대기업들의 고객 유출 방지책이 효과를 보여 그 보급이 제자리걸음을 하고 있다.

통신 대기업의 각종 부가 서비스 요금도 효과가 있기 때문이다. 최근에는 아베정권의 관방장관도 스마트폰의 통신요금이 너무 비싸다고 통신 대기업들의 과점 상태에 대해 직언을 했다. 하지만 민간기업의 가격만으로 간단하게는 내리지 못하는 상태가 지속되고 있다.

한편, 한국에서 가계통신비 증가에 따라 정부와 선거 때마다 통신비 하락 정책이 나오고 있지만, 여전히 다양한 요금정책이 국회를 통과하지 못하고 있다. 민간 기업에 지나치게 개입한다는 의견과 통신 대기업의 눈치로 인해 그 실효성이 떨어지고 있다는 우려가 많다.

한국 통신사의 매출과 영업이익점유율

2019

통신사	매출	영업이익	증가 대비(2018년 대비)
SK텔레콤	17조 7,437억	1조 1,100억	매출 : 5.2% 증가 영업이익 : 7.6% 감소
KT	24조 3,420억	1조 1,510억	매출 : 3.8% 증가 영업이익 : 8.8% 감소
LG유플러스	12조 3,820억	6,862억	매출 : 5.6% 증가 영업이익 : 7.4% 감소

• 한국 통신사별 가입자 현황 •

2019년 12월

통신사	가입자 수	시장 점유율
SK텔레콤	28,828,480	41.9%
KT	18,150,190	20.6%
LG유플러스	14,164,355	20.6%
MVNO	7,749,516	11.1%
합계	68,892,541	

통신 대기업 3사 이외의 신규참여 사업자의 등장으로 고공행진하고 있던 핸드폰 요금에 새바람을 불어 일으킬 수 있을지 어떨지 기대하고 싶다.

💲 경제 토막지식

2018년 9월 일본 총무성의 발표에 따르면 일본, 미국, 영국, 프랑스, 독일, 한국 중에 일본의 스마트폰 요금이 월 평균 7,562엔으로 가장 높았다. 가장 저렴한 나라 1위는 프랑스로 평균 1,783엔, 2위는 영국으로 2,444엔, 3위는 한국으로 3,626엔, 4위는 독일로 3,786엔, 5위는 미국으로 5,990엔이었다. 일본의 월 평균 요금은 가장 저렴한 프랑스의 3배에 해당하는 금액이다.

CHAPTER 16

'선술집'은 어떻게 수익을 내고 있을까?

최근 술집 거리에서 가장 활기가 넘치는 술집은 '선술집'이다. 선술집이 직장인들에게 인기 있는 이유는 물론 가격이 저렴하기 때문이다. 거기에 '간단하게 한잔 걸치고 싶을 때' 부담 없이 마시기 때문에 단시간에 끝낼 수 있다는 메리트도 매력일 것이다.

놀랍게도 조사해본 결과 '저렴하다'고 하는 일본 선술집 중에서도 전 품목 100엔이라고 하는 충격적인 가격의 가게까지 존재했다.

그런데 일반적인 선술집의 메뉴라고 하면 저렴해도 맥주는 중짜리400~500cc가 280엔, 잔 와인은 200엔, 츄하이소주에 탄산수를 탄 음료가 190엔, 일본주가 250엔 정도한다. 안주의 경우는 닭꼬치 1개가 100엔, 에다마메콩이 180엔, 튀긴 두부가 180엔, 참치회가 250엔, 감자 샐러드가 180엔, 닭튀김이 250엔, 채소튀김이 250엔이라고 할 경우 대체로 100엔대에서 200엔대까지로 300엔을 넘지 않는 가격대이다.

일반 술집과 비교할 때 꽤 저렴한 편이다. 선술집의 평균 객단가는 1,500엔 이내이고 머무는 시간은 남성의 경우 1시간, 여성의 경우 1시간 반이라고 하는 것도 납득이 간다. 하지만 메뉴 중 슈퍼마켓의 반찬보다도 가격이 저렴한 것도 있기 때문에 이것으로 어떻게 수익이 날지 의문이 든다.

실제로 여기에는 100엔 숍과 마찬가지로 매출 총이익 믹스 전략이 숨어 있다. 매출 총이익률이 다른 상품을 늘어놓고 전체 매출에 대해 평균 원가율을 음식점의 정석이라고 일컬어지는 30% 이내로 맞추고 있는 것이다.

술 중에서 원가가 가장 비싼 것은 생맥주로 500cc 한 잔이 200엔 전후이지만 잔 와인의 경우는 80엔, 츄하이는 20~40엔, 칵테일 50엔, 소주 30엔 정도로 맥주 외에는 원가가 낮다.

드링크 메뉴의 원가

생맥주 · 500cc	잔 와인	츄하이	일본주
280엔(원가 200엔) 원가율 71%	200엔(원가 80엔) 원가율 40%	190엔(원가 20~40엔) 원가율 10~21%	250엔(원가 90엔) 원가율 36%

드링크 메뉴의 원가

튀긴 두부	닭꼬치	참치회	감자샐러드
180엔(원가 40엔) 원가율 22%	100엔(원가 10~35엔) 원가율 10~35%	250엔(원가 160엔) 원가율 64%	180엔(원가 70엔) 원가율 38%

닭튀김	채소튀김	에다마메(풋콩)
250엔(원가 50엔) 원가율 20%	250엔(원가 100엔) 원가율 40%	180엔(원가50엔) 원가율 27%

★토탈로 해서 원가율을 30% 이하로 낮추는 것이 중요하다!

📝 한마디 메모

일본에서 선술집은 별명 '센베로'라고도 불리고 있다. '천 엔(센 엔)으로 안주와 술을 주문해 헤롱헤롱(베로베로) 취할 수 있는 가게'라는 의미가 있다. 센베로를 소개하는 각종 사이트를 들어가 보면 여러 재미있는 가게들이 있다.

CHAPTER 17

'남성 정장 1+1 세일'은 가게에 이득이 많다

염가 남성 정장 체인점에 가면 1벌 2만 엔대, 3만 엔대, 4만 엔대 등 단계별로 가격이 표시되어 있는 정장들이 쭉 진열되어 있다. 이런 진열 방법을 보면 물론 가장 잘 팔리는 것은 한가운데인 3만 엔대이다. 초밥집의 정식 메뉴에서 '소나무 정식 2,000엔, 대나무 정식 1,500엔, 매화 정식 1,000엔'이라고 제시되어 있으면 그 중에 가장 가운데를 고르는 중용의 원리가 움직이고 있는 것과 동일하다.

가장 팔고 싶은 상품이 있으면 그 위아래 가격대의 물건을 세팅해 놓으면 되는 것이다. 이런 판매 방법 외에도 '1+1 팔기 트릭'이라고 하는 효과적인 판매 방법도 친숙할 것이다.

1벌 3만 엔대의 정장을 구입하고 1벌 더 구입하면 2벌 째는 1,000엔이라고 하는 상술이다. 생각해보면 3만 엔대의 정장을 2벌 구입하면 6만 엔이 들지만 2벌에 3만 1,000엔이면 1벌의 평균가의 절반에 달하는 가격이 되기에 매우 저렴하다.

2벌에 3만 1,000엔이면 1벌당 1만 5,500엔인 셈이다. 고객 입장에서는 2벌을 사지 않으면 손해라는 생각이 들어 대부분의 사람들이 2벌을 구입한다. 이 판매 방법은 고객 기만적이긴 하지만 고객에게 저렴하다는 것을 어필할 수 있어 효과적이다. 정장을 처음부터 1벌에 1만 5,500엔이라는 엄청 저렴한 가격으로 판매하면 이익률이 압박을 받기 때문이다.

정장의 매입가가 5천 엔이라고 하면 1벌 1만 5,500엔에 판매하는 경우, 매출 총이익은 1만 500엔밖에 되지 않는다. 하지만 2벌에 3만 1,000엔으로 팔면 매출 총이익은 2만 1,000엔이나 된다. 정장 판매는 캐쥬얼 의류와는 달리 '접객'을 해야만 하는 장사이다. 정장은 접객을 해서 모양과 옷감을 고르고, 1벌 판매하기까지 치수재기 등 손이 많이 간다. 매출 총이익이 적으면 판매효율이 나쁘고 2벌을 같이 팔면 가게 측에 더 이득이 남게 된다.

염가 어필로는 이익의 폭이 적다

염가!

1벌 15,500엔

판매가 15,500엔
(매입 원가 5,000엔)

5,500엔-5,000엔=10,500엔

매출 총이익이
적다!

1벌 30,000엔

2벌 사면 1,000엔 세일

※1벌에 30,000엔
※2벌을 사면 2벌 합계에 31,000엔

판매가 31,000엔
(매입 원가 10,000엔)

31,000엔-10,000엔=21,000엔

매출 총이익이
많다!

소비자는 저렴하다고 생각할지도 모르는데 사실 가게 측 이익이 더 크다!

경제 토막지식

신사복 업계는 계속해서 축소되고 있다. 하지만 의류업계는 다각화로 방향을 바꿔 '탈 슈트 전략'을 모색하고 있다. 하지만 정장을 입어야 하는 직원들이 많은 업계도 캐주얼화 하는 사회 분위기로 인해 정장 차림의 한계점에 달해 계속해서 고전을 면하지 못하고 있다.

CHAPTER 18

저가 항공 이용의 양면성

최근, 항공권이 매우 저렴해져 LCC_{Low Cost Carrier, 저비용항공사}의 존재감도 커졌다. LCC는 철저한 비용 삭감으로 기존의 항공회사보다 절반에서 3분의 1정도 가격이 저렴하다. 항공기재는 연비가 좋고 수용력이 높은 중거리용 에어버스 320 혹은 보잉 737로 통일하고, 비용이 발생하는 탑승교를 사용하지 않고 기체도 바싹 붙여대지 않는다. 기장이나 객실 승무원의 급여도 절감한다. 직원들은 멀티 태스크로 청소도 한다. 웹 예약으로 창구도 축소해 철저하게 비용을 절감하고 있다.

일본 저가항공회사로는 제트스타, 피치에비에이션, 바닐라에어, 춘추항공일본_{Spring Airlines}, 에어아시아, 스쿠트 등이 있다. 한국 저가항공회사로는 이스타, 진에어, 티웨이, 에어서울, 에어부산 등이 있다.

그런데 LCC의 항공권은 저렴하지만 그만큼 좌석은 좁고, 수화물 위탁에 요금이 들며, 기내식이나 담요도 유료이다. 또한 영화나 게임용 엔터테인먼트 설비도 없고 예약 변경이나 취소는 사실상 불가능에 가까우며 이착륙 시간이 지연되는 경우가 많다는 단점도 적지 않다.

그래서 1~2시간 이동하는 국내선이라면 어느 정도 참을 수 있어도 LCC로 3시간 이상 걸리는 해외에 가는 것은 매우 힘들다. 여기서 알아뒀으면 하는 것이, LCC가 아닌 기존 대형항공사의 저가 항공권을 이용하는 방법이다. 새해나 골든 위크에는 항공권 가격이 배로 뛰는 한편, 실제로 2월, 10월 11월 비수기 예약은 매우 저렴하다.

예를 들어 평상시 나리타~로마 간의 왕복 항공권은 10만 엔, 성수기에는 15만 엔 이상이다. 하지만 비수기 항공권을 조기 예약하면 기존 대형항공사의 티켓이라도 5만 엔 이하로 구입할 수 있다. 단점이라고는 환승 대기에 시간이 걸린다는 점뿐이다. 이리저리 발품을 팔면 나리타~파리 간의 왕복 항공권도 9월에 5만 엔, 10월에 4만 엔, 11월에 3만 엔 정도의 아주 저렴한 가격으로 확보할 수 있다.

항공 사업으로서의 LCC 비즈니스 모델

- 한 좌석을 1,000km(약 1시간) 비행하는 비용 •

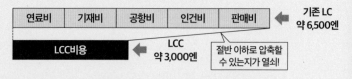

연료비	기재비	공항비	인건비	판매비

⬅ 기존 LC 약 6,500엔

LCC비용 ⬅ LCC 약 3,000엔

절반 이하로 압축할 수 있는지가 열쇠!

※LC(Legacy Carrier)=기존 대형항공사. FSA(full service airline)이라고도 부른다.

일본의 지역별 LCC 점유율(2017년 시점)

북미	유럽	동남아시아	북동아시아
국제선 32% 국내선 13%	국제선 48% 국내선 16%	국제선 53% 국내선 28%	국제선 14% 국내선 10%

비수기 사전 예약을 하면 기존 대형항공사(FSA)의 티켓이 매우 저렴해진다!

- 성수기와 비수기 •

- 비수기 : 3월,9월(신학기), 4월,6월(학기), 9월(여름 휴가후), 11월(학기)
- 성수기 : 2월, 7월, 12월, 1월(방학), 추석연휴, 설연휴, 크리스마스시즌

📊 경제 토막지식

항공권 예약, 어떻게 싸게 살 수 있을까?
- 항공사와 여행사의 특가 알림 메시지 수신을 허락하라
- 3~6개월 전에 오픈하는 얼리버드 특가를 확인하라
- 금토일월요일보다 화수목요일에 출발하는 일정을 선택하라
- 직항기가 많이 뜨는 여행지의 요금이 좀 더 싸다
- 땡처리 사이트나 긴급모객 이벤트를 활용하라

CHAPTER 19

라면 전문점의 비용 절감은 바로 스프에 있다

'저 가게의 돈코츠돼지사골 라멘은 국물이 진해서 맛있다' '이 간장 라멘은 가게 주인만의 노하우가 있어 최고다'라는 등 라멘에 대한 심도 있는 이야기를 하면 끝이 나질 않는다.

하지만 실제로 스프를 가게에서 직접 만들거나 면을 직접 뽑는 곳은 극히 일부에 불과하다. 직접 만든 스프나 면을 이용 하면 시간이나 노력 대비 비용이 많이 들기 때문이다. 한 그릇 에 1,000엔 이하로 제공하지 않으면 고객들이 오지 않는다.

즉 스프를 만드는 데 시간과 노력을 들일 수 없는 것이다. 음식점 경영에는 '원재료비는 30% 이하로 억누른다'는 것이 기본 중 기본이다. 그렇지 않으면 인건비나 임대료, 수도 광열 비 등을 처리하지 못하고 적자가 나기 때문이다. 간혹 원재료 비가 30%를 넘는 가게도 있지만 그것은 고객의 회전률이 있는 잘나가는 가게가 되고 나서 맛을 향상시키기 위해 원재료비를 올린 결과이다.

개점 당시부터 원재료비가 30%를 넘으면 장사가 성립될

수 없기 때문이다. 한 그릇에 700엔 하는 라멘이라면 원재료비는 210엔 이하로 억누르고, 한 그릇 1,000엔이라면 330엔 이하로 억누르는 것이 업계의 상식이다.

특히 스프 중에도 규슈 계열 돈코츠 스프를 만드는 것은 매우 손이 많이 간다. 닭뼈와 맛국물을 베이스로 한 간장 계열이나 된장 계열의 스프를 만드는 것에 비해 시간도 손도 2배 이상 든다.

돼지의 관절 부위인 겐코츠拳骨, 돼지의 대퇴골과 무릎관절 부분라고 불리는 덩어리를 떼어내 데친 후 물을 버리고 피를 빼서 골수가 잘 나오게 처리를 한다. 그런 다음 몇 시간 동안 타지 않도록 잘 저어가면서 푹 끓이기 때문에 냄새도 강렬해서 주방뿐만이 아니라 가게 전체에 풍긴다.

그런 독특하고도 이상한 냄새를 풍기면 근처 가게에서도 불평이 들어올 수 있다. 업소용 스프나 면은 근래 들어 맛도 매우 개선되어 품질이 좋아졌지만 화학 조미료도 한가득 담겨 있다. 이런 인스턴트 스프나 면을 사용하고 거기에 작은 노력과 독자적인 재료를 더한 것이 오늘날 대다수 라멘 전문점의 실정이다.

좁은 주방에 큰 원통 냄비가 한 개나 두 개밖에 없고, 메뉴는 돈코츠, 간장, 된장 등 다양하며, 가게 안에서 독특한 냄새도 나지 않고, 다 먹은 후 마무리 덮밥에 별도의 국 등을 준비하는 데 시간이 들지 않는 업소용 스프를 사용한 라멘 전문점인 것이다.

라멘 스프는 화학 조미료가 많이 들어 있다

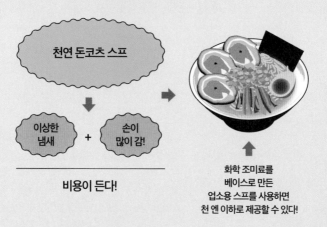

천연 돈코츠 스프

이상한 냄새 + 손이 많이 감!

비용이 든다!

화학 조미료를 베이스로 만든 업소용 스프를 사용하면 천 엔 이하로 제공할 수 있다!

★진정한 맛을 만들어내기 위해서는 손이 많이 간다.

스프를 직접 만드는 것은 손이 너무 많이 들어. 그래서 업소용 스프에 의지하는 거야!

경제 토막지식

음식 무제한·음료 무제한 전문점은 어떻게 이익을 창출할까?
'음식 무제한' '음료 무제한'이라고 하는 선전 문구는 매우 매력적이다. 90분, 120분이라고 하는 시간제가 있어도 좋아하는 것을 마음껏 고를 수 있는 뷔페나 무제한 음식점은 늘 인기가 있다. 여행사의 국내 투어에서도 '해산물&게 3종 무제한'은 정석이다.
거리에서도 '갈비 무제한' '초밥 무제한' '디저트 무제한' '반찬 무제한' '샤브샤브 무제한'이라고 하는 특정 메뉴의 무제한에서부터 '음식과 음료 전부 무제한'이라고 하는 전 메뉴 무제한인 가게도 곧잘 찾아볼 수 있다. 특히 내가 추천하는 것은 시티 호텔의 런치 뷔페이다. 고객 유인 효과도 겸하고 있기 때문에 고급 식재료가 아낌없이 사용되고, 일류 셰프의 음식솜씨도 충분히 맛볼 수 있다. 그런데 이런 음식점은 어떻게 이익을 창출해낼까? 이런 곳들은 앞서 소개한 식재료 원가가 다른 음식을 매출총이익 믹스로 잘 섞어서 원가의 평균치를 낮추고 있다. 그런데다 대량발주로 원가를 낮추고 고객이 직접 음식을 가지러 가기 때문에 어느 정도 직원의 인건비도 절약할 수 있는 것이다.

CHAPTER 20

자가 소유 주택과 임대 주택, 어떤 것이 이득일까?

일반적으로 내 집을 구입하는 것의 메리트는 대출을 상환한 후에는 온전히 자신의 집이 된다는 점이다. 다만 앞으로의 인구 감소 시대에는 주택이 남아돌 것이 확실하다. 그런데다가 지금까지의 메리트가 앞으로도 메리트가 될 것이라고는 말할 수 없다. 부동산 가격은 수요와 공급의 관계로 결정된다. 수요가 줄어드는 시대에 장기 주택 대출로 부동산을 구입하면 부동산 가격이 하락한 만큼 장래의 손실도 커진다.

과거의 고도 경제 성장기에서는 토지 신화라는 것이 있어서 주택이 노화되어 감가되는 만큼 토지 가격이 상승해 상쇄가 되었다. 따라서 빚을 내서라도 하루빨리 내 집을 구입하는 것이 결과적으로는 득이 되었다. 앞으로 가격이 오를 것 같으면 빚을 내서라도 구입하는 것이 맞다.

하지만 앞으로 가격이 하락해 손실이 확실한데 장기에 걸쳐 주택대출금을 계속해서 상환한다는 선택지는 경제 합리성이라는 측면에서 적합하지 않다. 물론 사람은 합리적으로만 행동하지는 않는 법이다. 노후에 살 집이 있는 편이 안심이 된다고 하는 사람은 내 집을 구입하는 것이 맞을 것이다. 그렇게 함으로써 안심할 수 있기 때문이다.

하지만 저자는 수입이 있는 현역 시절에는 전월세로 사는 것을 추천한다. 가족구성이나 경제력에 맞춰 집을 옮기는 것도 용이하기 때문이다. 응당 찾아올 노후를 맞이해서 지금보다 훨씬 저렴해진 전월세를 살지 혹은 가격이 낮아진 주택을 구입할지를 선택하면 되는 것이다.

확실한 것은 인구감소가 진행될수록 대부분의 지역에서 토지 가격은 낮아진다는 것이다. 가격이 내리지 않는 지역은 대도시의 중심부와 같은 극히 일부의 지역에 불과하다. 주택대출에 30년, 35년씩이나 묶여 대출금을 다 갚았을 때 즈음 집은 이미 너덜너덜한 상태가 될 것이다.

팔려고 해도 샀을 때 보다 대폭 가격이 하락해 있을 것이다. 어차피 내려갈 것에 돈을 던지기보다 저축과 투자로 자산형성을 계획하는 것이 더 중요하다.

자가 주택을 구입하면 크게 손해를 본다!

신축 아파트

<3DK 75m2 4,200만 엔(각종 경비 포함)>
· 계약금: 500만 엔, 대출: 3,700만 엔
 (원리금 균등 고정 2%, 35년)
· 매월 상환금 12만 5,879엔

35년 후

<총 취득액>
계약금 500만 엔+5,287만 엔(총 상환액)

⇒ **총합계 5,787만 엔**

※ 35년 후 아파트 가격이 절반으로 떨어
 지면 2,100만 엔이 된다.

⇒ 35년간 잃어버린 금액은
 5,787만 엔-2,100만 엔 = 3,687만 엔

★남은 것은 오래된 아파트뿐

※ 아파트는 매월 관리비와 수선 적립금
 지출이 영원히 계속됨

신축 주택

<대지 20평 4,200만 엔(각종 경비 포함)>
· 계약금: 500만 엔, 대출: 3,700만 엔
 (원리금 균등 고정 2%, 35년)
· 매월 상환금 12만 5,879엔

35년 후

<총 취득액>
계약금 500만 엔+5,287만 엔(총 상환액)

⇒ **총합계 5,787만 엔**

※ 목조 주택의 가격은 0엔
※ 평가액은 토지 가격 2,100만 엔에서
 30%가 하락한 1,470만 엔밖에 되지 않
 는다.

⇒ 35년간 잃어버린 금액은
 5,787만 엔-1,470만 엔 = 4,317만 엔

★남은 것은 낡은 집뿐

※ 결국 정도의 차이만 있을 뿐 손해 보는
 것은 마찬가지다.

경제 토막지식

임대 주택의 집주인이 혼자 사는 고령자에게 방을 빌려주기를 꺼려하는 것은 '고독사'로 인
해 '사고 부동산'이 되는 경우가 있기 때문이다. 하지만 만약 하이테크 기기로 매일 생존을
확인할 수 있다면 문제는 해결된다.

CHAPTER 21

'생명보험'은
어디까지 필요할까?

가계 지출 중, 주택대출 상환금 다음으로 큰 지출을 차지하는 것이 생명보험료다. 일본 생명보험 문화 센터의 조사에 의하면, 2016년 한 가구 당 연간 생명보험 지불 금액개인 연금보험 보험료 포함은 평균38만 5천 엔월간 3.2만 엔이었다. 불입액이 정점에 달했던 1997년에는 67.6만 엔월간 5.63만 엔이었던 것에 반해 상당 부분 줄었다고는 해도 이는 변함없는 일본인의 보험 사랑을 드러낸다. 이 금액은 세계에서도 독보적이다.

과거 미디어 중에서도 유일하게 《마이니치신문》만이 '일본의 생명보험료는 미국과 유럽의 동일한 보장 내용의 상품과 비교해볼 때 2~3배 비싸다'는 취지의 기사를 게재했다2001년 8월 5일자. 이런 기사를 접하기란 좀처럼 쉽지 않다. 대중 매체에게 보험회사란 광고를 주는 중요한 스폰서이기 때문이다. 일본의 생명보험이 왜 비효율적인지는 아래 내용을 보면 알 수 있다.

30세 남성의 사망 보험금 3천만 엔, 월 보험료 7천 엔, 보험기간 10년, 특약이 없는 상품을 살펴보자. 월 보험료 7천 엔

중 실제 보상금으로 돌아오는 순 보험료는 35%인 2,450엔 분밖에 되기 않기 때문이다. 나머지 부가 보험료 4,550엔은 보험회사의 매출 총이익이다.

즉 매월 납입 보험료의 65%가 대리점의 수수료나 선전 광고비 등의 경비와 이익으로 사라지는 셈이다. 보험료가 여기에 절반 정도밖에 되지 않는 인터넷 생명보험도 순수 보험료는 대략 77%, 부가 보험료는 23%에 달한다.

생명보험은 쓸모없다

30세 남성의 사망 보험
(사망 보험금은 3,000만 엔,
보험기간은 10년, 특약 없음)

인터넷 생명보험

월 납입 보험료
3,200엔 정도

순수보험료
77%

23%
경비와 이익
(부가 보험료)

대형 생명보험회사 보험

월 납입 보험료
7,000엔 정도

순수보험료
35%

65%
경비와 이익
(부가 보험료)

월부금 · 공제 2,000엔 코스
(60세까지)

입원: 사고·질병=>하루 8,000엔(1~120일)
수술: 1~5만 엔
중증장애: 400~1,000만 엔
사망: 질병 400만 엔, 사고 1,000만 엔

공제

공제 급부금이
58.36%,
공제배당금이
37.7%

순수보험료 상당
96.04%

사업비 3.96%

대형 생명보험회사의 상품으로 가입자의 '보상'에 할당하는 부분은 35%에 지나지 않는다. 65%는 보험회사 측의 이익과 경비로 사라진다. 보험료가 절반밖에 되지 않는 인터넷 생명보험도 20%강이 이익과 경비이다. 게다가 일본의 생명보험회사는 계약한 보험금조차 '부지급'한 사례가 많다. 의료보험도 면책 사유가 많아 도움이 되지 않는다. 만일의 경우에는 건강보험의 고액 의료비 제도나 상병수당금, 장해연금도 있어 영리 목적이 아닌 저렴한 '공제' 가입으로도 충분하다.

💲 경제 토막지식

미국과 일본이 FTA(자유무역협정)을 맺으면 미국의 보험회사가 압력을 가해 세제우대와 생명보험 동시판매가 가능한 일본의 공제 제도를 무력화시킨다고 말해져왔다. 실제로 한국에서도 그런 일이 벌어졌다.

CHAPTER 22

도시생활에서 '자차 보유'는 낭비 덩어리일까?

지방은 교통이 불편해서 자차가 가족의 생활을 유지하는 필수 품이라고 말할 수 있다. 하지만 전철이나 버스, 택시 등 공공교통시설이 잘 확충되어 있는 도시에서 자차 보유는 낭비 덩어리이다. 아무래도 자동차를 사용해야할 필요가 있을 때에는 렌터카도 있고 카 셰어링도 있기 때문이다. 실제로 요새 젊은이들은 경제적 사정도 물론이거니와 합리적인 사고로 자차를 희망하지 않는 경우도 많아졌다.

자동차를 보유하고 있는 사람조차도 자차 보유로 얼마나 낭비를 하고 있는지에 대해서는 의외로 무관심하다. 자동차 구입비, 주유비, 주차장 요금, 보험료, 자동차 검사비라고 하는 부분밖에 인식하지 못하고 있기 때문이다. 사실 자차 보유의 가장 큰 문제점은 과중한 세금에 있다.

1800cc 차량 가격이 180만 엔세금을 뺀 소매가 자동차의 경우를 살펴보자.

13년 동안 보유하고 있는 것만으로도 신차 구입비를 뛰어

넘는 234만 1320엔의 세금이 부과된다. 이는 구입한 첫 연도의 세금 부담과 세금에 준하는 경비의 합계로 일본 자동차공업회JAMA가 산출해 홈페이지에 게재한 금액이다연간 연료 소비량 1,000ℓ의 경우. 물론 이는 일본의 세금과 세금에 준하는 각종 비용이 높다는 것을 어필하기 위해 게재한 시산치이다.

일본에서 자차 보유에 드는 세금과 세금에 준하는 각종 비용의 합계액은 세계에서도 눈에 띄게 높기 때문이다.

보유단계만을 비교해보아도 영국의 2.4배, 독일의 2.8배, 미국의 31배이다. 연간 1000 *l* 의 휘발유 값과 유료도로 통행료, 자동차 손해 배상 책임 보험료, 주차장 요금 등도 계산을 하면 가볍게 500만 엔을 뛰어넘고 1천만 엔 전후까지 달할 수도 있다. 대도시에서의 자차 보유는 NG이다.

자가용 승용차 유저의 세금 부담액(13년간)

단가: 엔

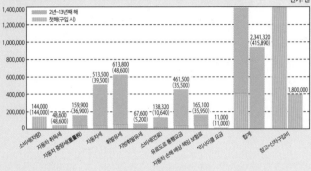

범례: 2년~13년째 해 / 첫해(구입 시)

전제 조건: ①1800cc로 차제가격이 180만 엔(세금을 뺀 소매가격)짜리 승용차 ②차량의 무게가 1.5톤 이하 ③연간 연료소비량 1000리터 ④중량세는 자동차 검사 시 혹은 신고 시 과세(첫해에는 신차에 한해 3년분을 징수) ⑤세율은 2018년 4월 1일 현재 ⑥소비세는 8%로 계산 ⑦리사이클 요금은 1800cc 클래스의 평균적인 금액

주: 1. 유료도로 통행료, 자동차 손해배상 책임 보험 및 리사이클 요금은 자동차세에 준하는 성격을 갖고 있기 때문에 계산상 가미했다(자동차 손해배상 책임 보험의 보험료는 2018년 4월 1일 현재 기준). 2. 유료도료 통행료는 2016년도 요금수입에 의거해 일본 자동차 공업회에서 시산
(일본 자동차 공업회 조사에 따름)

보유 단계에 따른 세금 부담의 국제 비교

단가(만 엔/ 13년간)

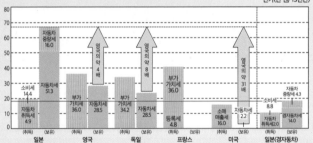

전제조건: ①배기량 1800cc ②차량의 무게 1.5톤 이하 ③JC08모드 연비15.8km/ℓ(CO2 배출량147g/km) ④차체가격 180만 엔(경차는 110만 엔)
⑤프랑스는 파리, 미국은 뉴욕시 ⑥프랑스는 과세마력8 ⑦13년간 사용(평균 사용연수: 자동차검사등록정보협회 데이터이 기준) ⑧환율은 1€ =¥131, 1£=¥151, 1$=¥112(2017년 4월~2018년 3월의 평균)
※2018년 4월 시점의 세금 체계를 바탕으로 시산 ※일본의 에코카 감세 등 특례조치는 고려하지 않음
(일본 자동차 공업회 조사에 따름)

🔰 경제 토막지식

2017년도 일본 자동차 공업회의 '승용차 시장 동향 조사'에 의하면 자동차를 보유하고 있지 않은 10대~20대 사회인 중 '자동차에 관심이 없다'라고 응답한 사람은 57%, '자동차를 사고 싶지 않다'고 응답한 사람은 54%나 되었다.

* 리사이클요금(신차 구입 및 자동차검사 시에 소유자 부담)은, 자금관리법인인 '재단법인 자동차 리사이클 촉진센터'에 위탁돼, 주로 프론가스류·에어백류·슐레더더스트의 재활용 비용으로 사업자에게 지불됨.

CHAPTER 23

미래형 연금으로는
미국의 제로 쿠폰채가 흥미롭다

제2차 아베정권은 일본 은행에 대규모 이차원적인 완화를 시행해 1달러 70엔까지 치솟았던 달러 환율을 1달러 110엔~120엔대로 대폭 엔약세를 유도했다. 물론 미국이 이 이상으로 엔 약세를 용인할지 어떨지는 잘 모르겠다. 하지만 장기적으로는 미일 금리차로 인해 엔은 싸질 가능성이 높다.

이런 때일수록 장래의 일본 국력 쇠퇴를 전망한 다음 세계 최강인 미국채를 장기 투자할 것을 검토해보고 싶다. 확정 이율인데다 저비용, 저위험이기 때문이다. 요점은 노후를 맞이하는 10년 후, 20년 후에 받을 수 있는 연금 개념으로 지금으로부터 '미국 제로 쿠폰채'를 구입해보는 방법이다. 제로 쿠폰채라고 불리는 것은 보통의 채권에는 쿠폰이자가 붙지만, 이 채권에는 이자가 없고 할인가로 발매되어 유통하는 구조이기 때문이다.

예를 들어 10년 후인 2029년 8월 15일에 액면가 1만 달러로 상환되는 기발행 '미국 제로 쿠폰채'는 2018년 10월

19일 시점에 7,266달러로 구입할 수 있다. 이율 2.97% 1달러 100엔 환산으로 단순계산하면 일본 엔으로는 79만 9260엔으로 구입할 수 있다.

이것이 10년 후에도 지금과 마찬가지로 달러엔 환율이 110엔이면 110만 엔이 되어 돌아오는 것이다. 만약 이 때 달러엔 환율이 130엔이면 130만 엔으로 돌아오게 된다.

앞으로 지금 보다 더 엔 약세가 될수록 일본 엔으로의 상환액이 불어난다. 참고로 지금으로부터 20년 후인 2039년 5월 15일에 1만 달러로 상환되는 '미국 제로 쿠폰채'는 5,362달러에 구입할 수 있다 이율 3.05%. 구입 당시보다 상환일에 엔이 강세이면 손해를 볼 것 같지만 할인가로 구입하고 장기 보유를 하기 때문에 리스크도 한정적이라고 말할 수 있다.

미래의 연금으로는 미국의 제로 쿠폰채가 흥미롭다!

2021년 2월 15일에 상환, 9,436달러에 구입 (이율 2.14%)	2년 3개월 후 →	1만 달러로!
2023년 2월 15일에 상환, 8,894달러에 구입 (이율 2.73%)	4년 3개월 후 →	1만 달러로!
2026년 2월 15일에 상환, 8,817달러에 구입 (이율 2.87%)	9년 3개월 후 →	1만 달러로!
2028년 2월 15일에 상환, 7,493달러에 구입 (이율 2.96%)	17년 3개월 후 →	1만 달러로!
2036년 2월 15일에 상환, 5,979달러에 구입 (이율 2.99%)	2년 3개월 후 →	1만 달러로!
2044년 2월 15일에 상환, 4,537달러에 구입 (이율 3.14%)	25년 3개월 후 →	1만 달러로!
2046 2월 15일에 상환, 4,242달러에 구입 (이율 3.16%)	27년 3개월 후 →	1만 달러로!

저비용, 저위험인 세계 최강의 미국채는 장래의 인생설계에 있어서도 강력한 아군이 된다. 환율이 엔 약세로 향하면 되돌아오는 금액이 더욱 커진다!

💲 경제 토막지식

일본이나 한국에서는 미국 제로 쿠폰채가 잘 알려져 있지 않다. 그 이유는 취급하는 증권회사의 수수료가 너무 저렴해서 돈벌이가 되지 않기 때문이다. 증권회사가 광고하지 않는 것일수록 소비자에게 있어서는 득이 된다!

CHAPTER 24

'35년 임대수익 보장'이란 말에 안심해서 맨션 경영을 하는 어리석음

노후 불안을 부채질해 부동산 투자로 '안전한 노후를 확보합시다!'라는 악덕 사업자의 광고가 만연하고 있다. 이는 날림으로 지은 맨션을 '35년 임대수익 보장' '35년 동안 공실 보상'이라고 속삭여 1억 엔 이상이나 되는 고액의 신축 맨션을 판매하는 업자를 말한다.

셰어하우스 투자 사기 수법인 '호박 마차'가 일본 스루가 은행 부정 융자와 한통속이 되어 연 수입 800만 엔 이상 수입이 높은 회사원에게 망할게 뻔한 신축 셰어하우스를 판매한 사건은 뉴스에도 나왔었다. 이런 업계는 끼리끼리의 모임이다.

35년 보장이라고 해도 서브 리스 계약(전대 계약) 등으로 집세의 15~25%에 달하는 수수료를 업자가 떼어가기 때문에 수중에 들어오는 임대료는 적어진다.

그런 데다 공실 면책 기간이 3~6개월에 불과하면 공실이라도 임대료 보장은 없어진다. 덤으로 2년마다 보장 임대료도 재검토되어 내려간다. 입주자가 퇴거한 후 수리나 리모델링 비용도 고액이고 집주인이 계약하지 않은 다른 업자에게 리모델링을 의뢰하면 계약 위반으로 서브리스 계약이 해지된다.

집세 6개월분의 위약금이 청구되기 때문에 집주인은 엎친 데 덮친 격으로 곤혹을 겪게 된다. 한편 업자는 서브리스 계약 해지가 되면 만만세이다. 애초에 수요가 약한 지역에 세워진 건물이라 시간이 지나 건물이 노후되면 입주자 확보에 어려움을 겪기 때문이다.

특히 만실 경영이 지속되어 수요가 있는 동안에 이런 악덕 수법에서 벗어나려고 맨션을 매각하고 싶어도 워낙 고액의 부동산이기 때문에 가격을 내리지 않고서는 팔리지 않고, 대출금 잔금이 그대로 남게 된다.

또한 35년이 지나 억 단위의 대출을 상환해도 건물은 이미 너덜너덜해져 아주 저렴한 임대료로만 내놓을 수 있다. 노후 안심, 불로소득과는 거리가 멀어지는 것이다. 업자에게 위탁 운영으로는 자산 등을 만들 수 없다. 너무 매력적인 광고에는 속지 않기를 바란다.

'35년 임대수익 보장' 사기의 단계

집주인의 말로는 파산

> 업자의 수선 리모델링비가 너무 비싸다!

> 연수가 어느 정도 지나면 업자는 서브 리스 계약을 해지하고 싶어한다.

신축 판매 가격
1억 엔(목조 12호) ※ 실제로는 5,000만 엔어치의 가치밖에 없다.

수익① (판매로 수익을 낸다)
건축 회사(부동산 회사), 매출 총이익 40%, 4,000만 엔의 수익!

오너의 수지 계획
· 자기 자본금 500만 엔(0엔인 경우도) · 주택 대출 9,500만 엔(1억 엔인 경우도, 30년 고정. 금리 4%) · 매달 상환금=<u>453,544엔</u>(연간 544만 엔)

수익② (서브리스로 수익을 낸다)
<신축시> 임대료 5만 엔의 80%(서브리스) / 1실 1만 엔×12실=12만 엔 (연간 144만 엔의 수익) **<집주인>** · 수입=1실 4만 엔×12실=48만 엔 (연간 <u>576만 엔</u>) ※ 임대료는 2년마다 하락한다.

※ 차액이 연간 576만 엔-544만 엔=32만 엔의 플러스밖에 없기 때문에 공실이 나면 즉시 적자가 난다. 퇴거 시 면책이 2개월 이상이면 적자는 더욱 커진다.

※ 영업사원은 '상속세 대책'이 된다며 어필한다. 확실히 집주인이 사망하면 대출은 단체신용 생명보험으로 인해 제로가 되며, 상속세 평가액은 시가의 70~80%로 평가된다. 더욱이 셋집 건축지로 15%정도 낮아지기 때문에 30~40% 줄어든다.

※ 영업사원은 '절세 대책'이 된다며 어필하지만 급여와의 손익통산은 감가상각이 큰 첫해뿐이다.

※ 20년이나 지나면 애초에 날림으로 지어진 건물이기 때문에 너덜너덜해져 팔려고 내놔도 아주 낮은 가격으로밖에 팔리지 않는다. 즉 출구가 없어 적자가 나도 보유할 수밖에 없는 것이다. 최후에는 파산을 할 가능성도 있다.

경제 토막지식

서브리스(전대) 계약으로 안심을 주장하는 수요가 높은 도심 일대의 신축 원룸 맨션 투자도 있는데 이런 경우에는 역으로 임차권에 의해 보호받아 집주인 측에서 계약을 해지할 수 없게 된다.

CHAPTER 25
주택연금으로 안심하고 노후를 보낼 수 있을까?

도심의 단독주택에 사는 60세 이상의 사람인 경우 토지가격이 높은데도 노후 생활 자금으로 어려움을 겪고 있다면 '주택연금'이라고 하는 제도를 이용할 수 있다.

이는 주택을 담보로 돈을 빌려 부족한 생활 자금을 보충하는 제도이다. 지방 자치단체나 금융기관에서 취급하고 있는 경우가 늘어나고 있다. 하지만 계약 만기 시에는 주택을 매각해 빌린 자금에 이자를 더해 일괄 상환해야 한다. 따라서 '자손에게 재산을 남긴다'며 주택을 상속하는 것은 포기해야 한다.

따라서 주택연금을 이용할 때에는 미리 법정상속인인 자식이나 딸에게 양해를 구하지 않으면 문제가 발생할 우려가 있다. 또한 계약자인 남편이 사망할 경우 아내가 계약을 이어나갈 수 있는 경우와 그러지 못하고 주택을 매각해야만 하는 경우가 있다. 계약 내용에는 충분히 주의를 기울일 필요가 있다.

또한 주택연금은 부부 2인이 사는 경우에만 한정된다**아들이 실직해서 같이 살게 되는 경우는 계약 위반**. 그럼, 주택연금 이용 사례를 살펴보자.

65세인 A씨의 경우에 주택의 시가는 6천만 엔이다. 여기에 대한 한도액 3천만 엔평가액의 50%으로 95세 만기까지 30년 동안 매달 5만 엔 씩 빌려 나가면금리 3%, 만기 시 총 빌린 금액차입 총액은 2,921만 엔이 된다.

이대로 순조롭게 시간이 지나 90세에 사망한다면 주택을 매각해서 지금까지 빌린 총액을 상환하면 된다. 하지만 여기에도 몇 가지 문제점이 존재한다.

먼저 30년 동안 도중에 주택의 평가액이 하락해 차입 한도액이 3천만 엔보다 낮게 설정되는 경우가 있다. 또한 95세보다 더 오래 살 경우는 그 이상으로 빌릴 수가 없어 주택을 매각해서 일괄상환을 해야 한다. 또한 변동금리가 원칙이기 때문에 금리가 급등하면 빌릴 수 있는 총액이 감소한다. 이런 우려가 있기 때문에 주택 연금 제도를 이용할 때에는 사전에 충분히 검토할 필요가 있다.

노후 자금이 부족하다! 어떻게 해야 할까?

주택을 담보

다수의 대출금을 갚아야 하기 때문에 큰일이네

연금만으로는 생활비가 부족해

<노부부>

간병이 필요한데 유료 노인홈에는 들어갈 수 없어.

해외여행도 가고 싶어

고민이 있어도 내 집을 팔고 싶지는 않다.

그럴 때는 주택연금을!

★주택을 담보로 돈을 빌리는 것이 주택연금이다.

 주의점!

① 계약자인 남편이 사망해도 아내가 계약을 유지할 수 없는 경우가 있다.(이런 경우 주택을 매각해 일괄 상환할 필요가 있다.)
② 주택 평가액이 하락하면 차입 한도액도 감소한다.
③ 너무 오래 살면 차입 한도액을 뛰어넘어 버리기 때문에 결국 자택을 매각해 일괄 상환해야 한다.
④ 결국 최후에는 주택을 매각할 수밖에 없어 자식에게 남길 상속유산이 적어지거나 없을 수도 있다.

한마디 메모

평균 수명이란 동년생의 약 과반수가 사망하는 연령을 의미하며 전원이 사망하는 연령은 아니다. 생존율을 보면 90세 시점에서 남성의 경우 4명 중 1명, 여성의 경우 2명 중 1명이 살아 있다.

CHAPTER 26

'교육비' 과다 투자는
빈곤 노후로 가는 지름길

공부를 싫어하는 자녀에게 억지로 학습 환경을 조성해줘도,
IQ는 80%가 유전으로 결정된다고 한다. 우리는 열심히 공부
를 하면 편차치가 높은 일류 대학에 합격할 수 있다고 믿고 있
으나 학습에 관련된 유전자가 우수하지 않으면 교육에 필요한
'돈·시간·노력'은 헛것이 되어 버린다.

영국의 옥스퍼드 대학에서 AI인공지능를 연구하는 마이클·A·
오스번 교수 등이 2014년 발표한 논문 〈고용의 미래: 컴퓨터화
에 일자리는 어떻게 민감할까The Future Of Employment: How Susceptible Are Jobs
To Computerisation?〉는 온 세상에 충격을 안겨주었다.

미국의 노동부가 규정한 702개의 직업분류 중 47%의 일
자리가 향후 10~20년 안에 테크놀로지에 의해 대체된다고 했
기 때문이다. 10년 후에는 택시나 트럭 운전수도 필요 없게 될
뿐만 아니라 변호사나 회계사라고 하는 분석적 업무의 대부분,
의사에 의한 진단 업무도 AI 평가가 주류가 될 것이라고 한다.
블루칼라뿐만 아니라 화이트칼라조차도 일자리를 잃게 되는

시대가 오고 마는 것이다.

일본 문과성 데이터에 의하면 수업료, 급식비, 교육비에 과외나 학원 등에 드는 교육비를 더한 총교육비는 유치원부터 대학까지 모두 공립을 다닌다고 할 때 약 800만 엔이 든다고 한다. 고등학교와 대학교를 사립으로 다니면 1,084만 엔, 유치원부터 대학까지 사립에 다니면 2,212만 엔이 든다고 한다. 이 모든 것은 자택 통학이 전제조건이다. 기숙사나 맨션 비용을 더하면 더욱 금액이 커진다.

미국의 최신 연구 결과에 따르면 앞으로는 인간의 인지 스킬보다 인생을 성공시키는 요소로써의 사회공헌이나 경제기반에 직결되는 '비인지스킬'이 중요해진다고 한다. 자녀에게 과도한 기대를 해 교육비를 너무 들이면 노후자금도 고갈되고 말 것이다.

자녀 교육비에 대한 부담은 한국도 마찬가지다. 한 조사에 따르면, 한국에서 자녀를 대학까지 보내려면 평균 2억 6천만 원이 들며 월 평균 교육비가 100만 원이 넘는다고 한다. 물가 상승률을 감안하면 이보다 더 큰 부담으로 작용할 것이다.

자녀 1명당 드는 교육비(일본 문과성 데이터)

공립 유치원(3년간)	73만 엔(사립 161만 엔)
공립 초등학교(6년간)	183만 엔(사립 985만 엔)
공립 중학교(3년간)	142만 엔(사립 380만 엔)
공립 고등학교(3년간)	156만 엔(사립 313만 엔)
공립 대학교(4년간)	246만 엔 (사립 문과계열 373만 엔 / 사립 이과계열 442만 엔)
합계	800만 엔(사립 2,212~2,281만 엔)

※학원이나 과외 비용을 포함한 평균치
※고등학교와 대학만 사립에 다닐 경우 1,084~1,153만 엔 정도가 든다.

AI사회에서 '쇠퇴하는 직업'과 '사라지는 일자리' 예상

은행의 대출 담당자
스포츠 심판
부동산 중개업자
레스토랑 안내 직원
보험 심사 담당자
동물 브리더
(동물을 전문적으로 교배와 사육을 시키는 직업)
전화 오퍼레이터
급여·복리후생 담당자
계산 직원
오락시설 안내 직원, 티켓 확인 절취하는 직원
카지노 딜러
네일 아티스트
신용카드 신청사 승인직원
심사를 행하는 작업원
수금하는 사람
법률사무 보조원, 변호사 조수
호텔의 안내 접수 직원
전화 판매원
수선집(재봉)

시계 수리사
세무신고서 대행업자
도서관 보조원
데이터 입력 작업원
조각사
고충처리, 조사 담당자
부기, 회계, 감사 사무원
검사, 분류, 견본 채취
측정을 행하는 작업원
사진기사
카메라, 촬영기기 수리사
금융기관의 크레딧 애널리스트
안경, 콘택트 렌즈 기술자
살충제 혼합, 살포 기술자
의치 제작 기술자
측량 기술자, 지도 작성 지술자
조원(造園), 용지 관리 작업자
건설기기 오퍼레이터
방문 판매원, 노상 신문 판매, 노점상
도장공, 벽지 바르는 기술자

AI의 발전은 일상생활뿐만 아니라 비즈니스 형태에도 막대한 변화를 준다. 단순 작업 등 기계가 잘 할 수 있는 분야는 특히 큰 변혁의 양상이 보여 진다!

경제 토막지식

세상에서 학비가 가장 높다고 일컬어지는 곳은 미국이다. 공립 대학의 수업료만으로 연간 300~400만 엔, 명군 사립대학이라면 500만 엔 이상도 흔하다. 오바마 전 대통령도 42세까지 학자금 대출을 갚았다고 한다.

CHAPTER 27
'고수입' = '행복'이라고
할 수 없는 수수께끼

연수입과 행복에 관련된 연구는 다수 존재한다. 그중 유명한 것은 프린스턴 대학의 대니얼 카너먼 교수2002년 행동경제학 분야에서 첫 노벨 경제학상을 수상와, 같은 대학의 앵거스 디턴 교수2005년 행동경제학 분야에서 노벨 경제학상을 수상의 연구이다.

그들의 '연수입과 행복감'에 관한 결론은 '행복감은 연수입이 7만 5천 달러까지는 수입에 비례해 증가하지만, 그것을 초월하면 비례하지 않게 된다.'는 것이었다. 이는 1달러 110엔으로 환산하면 일본 엔으로는 825만 엔한국 원화로는 9,500만 원 정도이다.

'수입의 증가가 어느 시점을 넘어서면 자유롭게 소비할 수 있고 여행도 갈 수 있는 등 생활 만족도는 향상할지라도 행복 감은 오르지 않는다.'는 것을 최초로 주장한 것은 1974년 미국의 경제학자 리처드 이스털린 교수의 연구였다.

그들은 '행복의 역설이스털린의 역설'이라고 불리는 이 현상을 1인당 GDP 성장률과 각국 국민의 행복도에 대한 합으로 포착

해 명확하게 설명했다. 어떠한 연구에서도 '행복'에 대해서 명확한 정의를 내리기는 어렵지만, 모두 비슷한 결론에 도달했다. 일을 해서 돈을 벌수록 스트레스나 가족과의 관계 변화에도 영향을 미치기 때문인데, 이는 경제학의 '한계 효용 체감의 법칙'과 큰 관련이 있다.

맥주를 마실 때 첫잔은 매우 맛있어도 2~3잔째가 되면 맛있음의 효용도 떨어진다. 마찬가지로 풍족한 생활을 할 수 있게 되어도 점차 거기에 익숙해지면 행복감은 적어지게 되는 것이다. 1억 엔짜리 복권에 당첨되면 당분간은 기쁘지만 이윽고 행복감은 점차 옅어진다. 이는 심리학에서 말하는 '쾌락의 쳇바퀴Hedonic Treadmill 현상'이다. 부유한 사람에게 '행복'에 대해 물어보면 '친구나 가족과의 수다'나 '편안한 휴식'이라고 하는 평범한 일상생활을 답하는 것도 흔한 일이다.

수입과 행복의 관계

• 복감과 생활만족도 •

행복감

생활 만족도

825만 엔

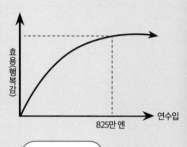

• 연수입과 효용 •

효용(행복감)

연수입

825만 엔

★ 하지만 2~3잔째가 되면 그렇게 맛있지
는 않다.

한계 효용 체감의 법칙

★ 하지만 시간이 지남과 동시에 기쁨도 점
차 적어진다.

쾌락의 쳇바퀴 현상

돈이 있으면 있을수록 '행복도'는 상승할 것이라고 생각하기 쉽지만 어느
정도 연수입을 초과하면 '금액=행복감'이라는 공식은 붕괴된다!

📋 **한마디 메모**

괴테가 행복에 대해서 한 말을 소개해본다. '왜 먼 곳에 가려고 하는가. 보아라. 좋은 것은
우리 주변에 있다는 것을. 단지 행복을 붙잡는 방법을 배우기만 하면 되는 것이다. 행복은
늘 우리 눈앞에 있는 것이다.'

세금을 안 내는
직장인이 되는 방법이 있다!

직장인으로서 급여 수입이 있으면 당연히 세금을 내게 된다.

직장인은 해당 급여액에 대해서 소득세가 매월 사전에 원천 징수됨과 동시에 연말정산에서 조금 많이 낸 부분이 있으면 반환받는다, 전년도 소득세에 대한 금액의 주민세도 미리 공제된다.

그런데다가 사회보험료건강보험, 연금보험, 고용보험, 40세 이상은 간병보험도 매월 소리도 없이 빠져나간다. 가족 구성에 따라 달라지기는 하지만 연수입 1천만 엔의 경우 수중에 쥐는 금액은 700만 엔 조금 넘는 것은 이런 연유에서다.

그런데 직장인인데도 세금을 내지 않는 사람은 도대체 어떤 사람일까? 사실 세금을 거의 내지 않는 직장인은 소수이지만, 낸 세금의 상당 부분을 되돌려 받는 사람은 적지 않다.

많이 낸 세금을 돌려받기 위해서는 다음해 1월 말일까지 전년도 소득에 대해 세무서에 연말정산 신고를 할 필요가 있다. 세금을 되돌려 받는 신고이기 때문에 이것을 '환부신고환급신청'이라고 부른다. 왜 세금을 많이 낸 형태가 되어 되돌려 받냐고 하

90

면 직장인이 부동산 투자를 하거나 부업으로 사업을 해 이것이 적자가 나면 급여 소득과 손익 통산이 발생하기 때문이다.

부동산 투자의 경우 건물 본체는 원래 전기, 가스, 수도설비 세트로 감가상각이 일어날 가능성이 크다. 감가상각은 실제로 돈은 나오지 않지만 이것을 매년 감가해 나간다고 생각되는 부분을 비용으로 계산해 올릴 수 있다.

또한 건물부분의 대출 금리분, 고정자산세 등 공조공과분 첫해는 부동산 취득세도 계산해서 올린다, 수선비, 수선 적립금, 관리비, 순회를 위한 교통비, 부동산 중개업자에 대한 수수료, 광고비 등 각종 경비로 연간 임대 수입에서 공제할 수 있다.

그러면 당초 수년 동안 적자가 나는 것이다. 이 적자 분을 다른 소득직장인이라면 급여 소득에서 공제하면 소득 전체가 압축되어 그 결과 매월 원천징수된 분이 세금을 과납한 부분이 되기 때문에 이미 낸 세금이 환급된다. 부업의 경우에도 마찬가지다. 급여 수입이 높은 사람일수록 이런 환급 신청에 의해 과납된 세금을 돌려받을 수 있다.

이익 통산을 활용한 경우

부동산 소득의 경우

※ 계약금 300만 엔으로 중고 아파트를 구입(대출 1,300만 엔, 고정금리 3.5%)해서 임대 중

경비 (180만 엔)
- 감가상각비(건물과 설비)
- 금리 비용(건물 한정)
- 관리비/수선적립금
- 세금(고정자산세 등)
- 수선비/교통비
- 광고비/잡비용

※ 연간 임대수입 140만 엔이라면 상기의 비용을 공제하면 40만 엔 적자가 난다. 소득세율이 20%인 사람이라면 8만 엔이 환급된다.

부업의 경우

※ 독립 자영업형 부업인 경우

경비 (150만 엔)
- 임대료, 광열비 (자택분과 안분(按分))
- 컴퓨터 비용
- 통신비(운송료 포함)
- 교통비(주유비 등)
- 연구비(서적 등)
- 광고비
- 교제비

※ 연간 기타 수입이 120만 엔이라면 상기의 비용을 공제하면 30만 엔의 적자가 발생한다. 소득세율이 20%인 사람이라면 6만 엔이 환급된다.

직장인 연말정산의 공제 정보!

※부양가족 공제
※의료비 공제(가족 합산 연간 10만 엔)
※잡비용 공제(도난이나 흰개미 피해 등)

※주택 취득세 공제(주택 대출 잔액의 1%)
※기부금 공제(기부금 1만 엔)

경제 토막지식

외모의 '좋고 나쁨'이 평생 수입에 영향을 준다.

'미남 미녀는 세상을 살아가는 데 무언가 득을 보고 있다.'고 느끼는 사람이 많을 것이다. 외모가 좋으면 주목을 받고 주변에서도 띄어주는 것을 경험을 통해서도 알 수 있다. 그런 외모의 좋고 나쁨과 수입의 관계를 수치화한 사람이 텍사스 대학의 대니얼 해머메시(Daniel S. Hamermesh) 교수이다(《미인경제학》, 동녘사이언스, 2012).

그의 연구에 따르면 외모가 평균보다 뛰어난 여성은 평균인 여성보다 8% 수입이 많고 평균보다 아래인 여성은 4% 수입이 적었다고 한다. 아름다운 여성과 못생긴 여성의 경제 격차는 12%나 된다고 주장했다.

또한 외모가 평균보다 뛰어난 남성은 평균인 남성보다 4% 수입이 많았고, 평균 아래인 남성은 13%나 수입이 적었다고 한다. 잘생긴 남성과 못생긴 남성의 경제 격차는 17%나 된다. 미국은 비만인 사람이 많고 미모의 기준도 다르기 때문에 갑자기 일본의 사정에 적용하는 것은 억지가 있을지도 모른다. 하지만 남성의 경우 못생긴 사람의 평생수입은 여성의 경우보다도 비참한 결과에 이른다는 점을 암시하고 있다. 정말 무서운 이야기일 따름이다.

CHAPTER 29

왜 트럼프 대통령은
무역전쟁을 일으킨 걸까?

미국은 1970년대 이후로 항상 무역 적자에 시달려왔다. 2008년 리먼 사태로 적자가 일시적으로 축소되었지만 그 후에도 계속해서 확대되고 있다. 무역 적자란 수출보다도 수입이 많은 경우를 말하는데 미국의 통화가 강하고, 호경기로 소비가 활발하기 때문에도 발생한다.

적자라고 해도 외국에서 돈을 빌린 것도 아니다. 단지 트럼프 대통령은 무역 적자가 미국의 경제 성장을 억제시킨다고 해서 싫어하는 것이다. 확실히 미국의 러스트 벨트_{쇠락한 일대}라고 불리는 공장지대는 값싼 수입품에 눌려서 제조업이 불황 상태가 되었다.

트럼프 대통령은 이런 지역의 노동자에게도 일자리를 돌려주겠다고 공약을 했다. 그러기 위해서는 미국에 공장을 되돌려야 하는데, 이 때문에 무역 적가의 절반을 차지하는 중국을 표적으로 삼아 무역 적자를 줄이라고 위협하고 높은 세율의 관세를 부과해 무역전쟁을 일으킨 것이다.

무역 적자를 줄이기 위해서는 수입을 줄이든, 수출을 증가시키든 해야 한다. 하지만 수입을 줄이기 위해 수입품에 높은 세율의 관세를 부과하면 수입품의 가격이 상승한다. 그리고 이는 미국의 소비자에게도 영향을 미쳐 소비가 줄어들고 결국 경기도 위축되게 된다.

또한 중국도 보복으로 미국의 농산품에 높은 세율의 관세를 매겨 미국의 농업생산자가 타격을 입게 된다. 이처럼 서로 높은 세율의 관세를 매기는 추잡한 싸움은 세계의 무역량을 줄이고 경제를 정체시킨다. 제2차 세계대전을 불러일으킨 계기가 된 블록 경제의 제2막이 될 뿐이다. 왜 트럼프 대통령이 무역전쟁을 일으켰는지 그 진상은 아직 수수께끼이지만 여기에는 여러 설이 있다.

앞에 설명한 공약 이행뿐만이 아니라 2018년 11월에 치른 중간 선거 대책이라든지, 중국이 미국의 지적 재산이나 하이테크 기술을 더 이상 훔치지 못하게 함으로써 중국내 관련 산업의 성장을 막아 큰 타격을 주려한다는 등 다양한 이유가 있다.

미국의 무역 적자국

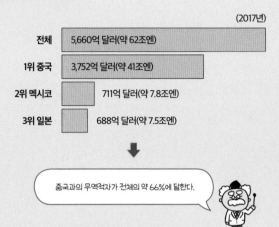

(2017년)

전체	5,660억 달러(약 62조엔)
1위 중국	3,752억 달러(약 41조엔)
2위 멕시코	711억 달러(약 7.8조엔)
3위 일본	688억 달러(약 7.5조엔)

중국과의 무역적자가 전체의 약 66%에 달한다.

미국과 중국·일본과의 무역 적자 추이

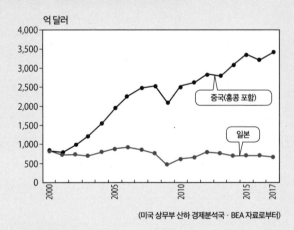

억 달러

중국(홍콩 포함)

일본

(미국 상무부 산하 경제분석국 · BEA 자료로부터)

경제 토막지식

영국의 경제학자 리카도가 '비교우위'를 설명한 이래로 자유무역이 확대되었다. 이는 각국이 강점을 갖고 있는 것의 생산을 특화하고 그 이외에는 무역으로 조달하면 각국에 메리트가 있다는 원리이다.

CHAPTER 30

왜 포인트 카드를
보급한 걸까?

오늘날 물건을 구매할 때 계산대에서 포인트 카드 제시를 요청받는 것이 일상 풍경이 되었다. 왜 포인트 카드는 이렇게 널리 보급된 걸까? 바로 가게가 고객을 유인할 수 있다는 이점이 있기 때문이다. 또한 저가 경쟁을 벌이는 라이벌 가게와의 소모전도 피할 수 있다.

경우에 따라서는 포인트에 해당하는 금액 이상으로 상품 가격을 인상해 10포인트 부여 등 포인트 환원율을 강조할 수도 있을 것이다. 게다가 포인트 5배 세일 등의 명목으로 특정일을 판촉에 사용할 수도 있다. 포인트가 많이 쌓이면 득이라고 고객을 착각하게 만들어 소비도 촉진시킬 수 있다. 또한 기업 전략상 고객이 무엇을 사는지 파악하는 마케팅에도 사용할 수 있다는 이점도 크다.

이처럼 가게 측의 이점이 커서 포인트 카드가 보급되었다. 일본 업계를 양분하고 있는 포인트 카드로는 'T카드'와 'Ponta카드'가 유명한데 각각 5천만 명 이상의 등록 회원수를 자랑하며 마케팅 정보도 기업에 제공하고 있다. 한편, 한국의 포인트 카드로는 OK캐시백, 통신사 멤버십. 은행 포인트 카드, 영화관 멤버십, 대기업 연계 카드 등이 있다. 고객에게 있어서는 상품 가격의 단 1%라도 같은 점포 혹은 공통의 카드 점포에서 상품을 구입하면 포인트가 쌓인다. '티끌 모아 태산'이라는 명언의 감각이 소비자로 하여금 특정 포인트 카드를 많이 사용하게끔 만든다.

그런데 포인트 카드는 이득을 본 것 같은 기분을 들게 하는 신기한 효과가 크다. 예를 들어 40만 엔짜리 TV를 사서 10%의 포인트를 받는다면 4만 엔을 번 것 같은 기분이 든다. 그러면 그 4만 엔으로 쓸데없이 주변 기기까지 사고 싶어진다. 처음부터 4만 엔 할인받아 36만 엔짜리 TV를 사면 그 외의 쓸데없는 소비는 하지 않을 테지만 말이다. 결국 포인트는 소비 촉진을 위한 마케팅 전략이다.

포인트 카드는 가게 측의 이점이 크다!

고객 사로잡기
어차피 살 것이라면 포인트를 모으는 가게에서 상품을 사고 싶어진다.

할인 방지
포인트가 쌓임으로써 고객은 할인이 없어도 이득을 본 것 같은 기분이 든다.

경쟁 가게와의 차별화
자신이 갖고 있는 포인트 카드의 가게에서 쇼핑을 하도록 유도한다.

가격 인상
많은 포인트를 부여하는 것처럼 보이기 위해 상품 가격을 인상할 수 있다.

고객정보 획득
언제, 누가, 무엇을 샀는지를 알 수 있다. 고객의 정보를 수집할 수 있다.

소비를 촉진시킨다
(쓸모없는 낭비를 촉진!)

자 그럼 사는 김에 4만 포인트를 사용해 새로운 TV 장식대도 살까나~

와~! 40만 엔짜리 TV를 샀더니 4만 포인트를 얻었어!

경제 토막지식

고객을 끌어들이는 데 유효한 수법으로 최근 보급된 서비스에는 회원제 월정액제(서브스크립션)이라고 하는 것이 있다. 이 전략으로 단골 고객을 확보하면 경쟁 우위를 확보할 수 있다.

CHAPTER 31

왜 생활보호 지급 총액은 점점 인상되는 걸까?

생활보호 수급 세대가 계속해서 증가하고 있다. 당연히 지급 총액도 조금씩 오르고 있다. 2017년 생활보호 수급가구는 164만 가구에 달했고 수급자 총수는 214만 5,415명을 뛰어넘었다. 일본에서는 약 58명 중 1명이 생활보호 아래 있는 것이다. 지급 총액은 2017년도에는 3조 8,404억 엔으로 당연하게도 계속해서 상승하고 있다.

왜 생활보호 수급가구수와 지급 총액이 계속해서 증가하고 있는데 그 이유는 고령화에 있다. 고령자세대 중에 생활보호를 받지 않으면 생활을 할 수 없는 가구가 증가하고 있고, 생활보호 가구 중 약 절반이 65세 이상의 고령자 가구이다. 또한 생활보호는 8가지 부조扶助로 이뤄져 있는데 지급 총액의 약 절반에 해당하는 것이 의료부조이다. 생활보호제도는 헌법 제25조로 규정된 '건강하고 문화적인 최저한도의 생활'을 보장하고 그 자립을 촉구하는 데 그 목표를 두고 있다.

물론 일을 할 수 있는 사람에게는 일을 할 것이 요구되는

데 이 경우 관공서의 사회복지사가 자주 방문 체크를 해 '혜택은 ~월이 되면 만료된다'라며 주의를 환기시켜 주기도 한다.

하지만 이 생활보호제도를 받지 못하고 생활보호 이하의 생활을 강제당하고 있는 고령자도 다수 존재한다. 이것은 생활보호제도가 기본적으로 저축액이나 생명보험, 자동차와 주택 등이 없다는 전제조건이 있기 때문이다. 따라서 자산이 있는 사람은 그것을 매각해서 생활비로 충당하지 않는 이상 보호대상에서 제외된다. 또한 빚이 있는 사람도 자기파산을 하지 않는 이상 보호대상이 될 수 없다.

게다가 수급받고 싶어도 수급할 수 없는 고령자도 다수 존재한다고령자의 60%가 자가 주택 보유. 그리고 수급 신청을 하면 자산조사와 3촌 이내의 친족에게 '부양조회' 연락이 가는 것이 싫어서 신청을 하지 않는 사람들도 다수 존재한다. 빈곤한 노후를 보내는 사람은 점점 증가하고 있는 것이다.

생활보호비 부담금(사업비 기준) 실적 금액 추이

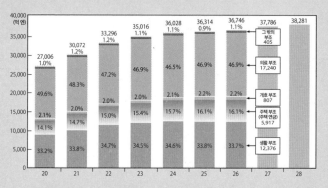

※시설 사무비는 제외
※2012년까지는 실적 금액, 2013년도는 보정 후 예산액, 2014년도는 당초 예산액
※국가와 지방에 따른 부담 비율에 대해서는 국가 3/4, 지방 1/4

일본 65세 이상의 고령자·생활보호수급자의 변화

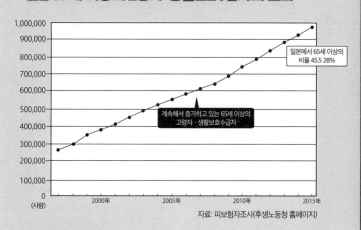

자료: 피보험자조사(후생노동청 홈페이지)

💲 경제 토막지식

생활보호지급액은 지역이나 가족 구성에 따라 달라진다. 가장 금액이 높은 도쿄의 경우는 단독 가구일 경우 약 13만 엔, 부부 2인 가구일 경우 약 18만 엔, 부모자식 2인 가구일 경우 약 20만 엔, 부모자식 4인가구일 경우 약 26만 엔 정도이다.

CHAPTER 32

왜 연간 임대수익이 7천만 엔인 집주인은 위험할까?

서점에서 부동산 투자 코너를 가보면 '임대수익 7천만 엔' 등을 자랑하는 직장인들의 책이 진열되어 있다. 게다가 부동산 투자를 적극적으로 시작해 불과 수 년 만에 '자산 10억 엔' 등의 부를 말하는 사람도 있어서 우리를 놀라게 한다. 이런 서적이 많이 출간되었기 때문일까, '호박 마차' 셰어하우스 사기라든지, '계약금 제로·토지가 없어도 맨션 경영으로 노후 자산 만들기' 등의 광고에 당하는 사람도 끊이질 않고 있다.

부동산 투자는 출구에 다다르기 시작하면 성공이다. 예를 들어 이율 7%의 맨션 한 채에 투자해서 연간 임대수익이 7천만 엔이 발생한다고 치자. 대출금 상환 후 연간 현금 흐름이 50%라면 연간 3,500만 엔의 세금 포함 수지에 불과하다.

3,500만 엔의 현금 흐름을 앞당겨 상환에 사용해도 10억 엔이라는 대출금을 완제하기까지는 28년이나 걸린다. 완제까지는 성공이라고 부를 수도 없다.

이런 사람들에 대해서는 '대출금 자랑'이라는 생각밖에 들지 않는다. 현금 흐름이 회사원의 연수입을 뛰어넘었다고 해서 은퇴하고 '부자 집주인'척하는 사람이 많다는 점이 매우 걱정스럽다.

35년에 걸쳐 대출금을 완제하고 나서 비로소 순자산 10억 엔이라고 말할 수 있는데 부자 집주인인척 하는 사람 중에는 채무초과 상환 도중인 사람인 경우가 많다.

향후 공실 증가로 입주율이 하락하거나 변동금리로 금리가 인상되면 파국에 가까워진다. 자산이라고해도 대부분이 부채라면 순자산이라고는 말할 수 없고 '빚 투성이인 상태'나 다름없기 때문이다.

부동산 투자는 투자금액이 크기 때문에 대출이 필수이지만 과도한 빚은 장기간에 걸쳐 큰 리스크를 발생시켜 출구를 잃어버리게 만든다.

부자 집주인을 동경해 목표로 삼는 것은 위험!

나는 연간 임대수익이 7,000만 엔이나 되지.
맨션이 10채, 110실 소유로 총 자산은 10억 엔이야!

월 임대수익만 583만 엔이야. 급여수익을 훨씬 뛰어넘었기 때문에 회사도 그만두고 유유자적한 생활을 보내고 있지.

그런데 실태는…

· 맨션 대출금 10억 엔 차입
· 연간 상환액 4,788만 엔(3.25%, 35년) 매월 상환액 399만 엔
· 연간 현금 흐름은 3,500만 엔(상환 비율 50%인 경우)

여기서 세금으로 상당한 금액이 빠져나간다.

위험한 리스크

· 공실률 상승으로 상환에 타격이!
· 변동 금리로 대출을 받았다면 금리 인상으로 타격이!
· 지진이나 손상 리스크!
· 자살이나 사건, 사고로 공실 확대 리스크!

💲 경제 토막지식

막대한 대출을 받아 부동산 투자를 하는 것은 이율이 중요하기 때문에 대부분 중고건물에 투자한다. 이율 15%인 임대수익과 대출 금리가 3.5%인 경우 11.5%라는 갭이 발생한다. 이것을 사용한 마법인 것이다.

CHAPTER 33

왜 일본은 엔 강세를 경계하고 엔 약세를 환영할까?

일본 정부는 미국 달러에 대해서 엔 강세를 꺼리는 한편 엔약세를 환영한다. 엔 약세가 되면 일본 제품이 품질에 비해 값이 싸지기 때문에 잘 팔려 수출이 늘어난다. 또한 이것이 주가 상승으로 이어지기 때문이다. 반대로 수입품은 비싸지게 되어 소비자에게 있어서는 마이너스다. 해외여행에 갈 때에도 엔 약세라면 해외에서 쇼핑할 때 다소 비싸게 사게 된다.

일본의 통화가 외국의 통화에 대해 높아지거나 낮아지는 이유는 무엇일까? 환율은 외국 환율시장에서의 통화 교환 매매로 성립되는 가격을 말한다. 이는 은행 간의 거래 시장^{인터 뱅크 시장}이자 세계 속에서 24시간 인터넷으로 연결된 시장인 셈이다. 국가와 국가 사이에서 무역이나 금융거래가 일어나면 대금결제를 할 필요가 발생한다.

세계에서 가장 많이 유통되고 있는 통화는 미국 달러화로 그 다음이 유로이다. 과거에 환율은 1달러 당 360엔이라는 고정 환율로 교환되었지만 1973년 2월 이후에는 현재의 변동환율제가 시행되고 있다. 고정 환율의 경우에는 통화의 수급 균형이 안정되지 못하고 국제 수지상 불공평이 발생하기 쉽기 때문이다.

특히 환율은 각국의 금리 수준에 의해 결정된다. 미국의 금리가 높아지면 미국 달러로 운용하는 것이 유리하기 때문에 미국 달러가 팔려 달러 강세가 된다. 반면 일본은 이차원적인 완화를 계속해 초저금리이기 때문에 엔 약세가 되기 쉽다.

그밖에도 엔 약세로 수출이 증가하면 벌어들인 달러를 엔으로 바꾸는 움직임이 발생한다. 이런 무역수지의 흑자가 늘어날수록 엔 강세가 되기 쉽다.

최근에는 급격한 환율 변동을 피하기 위해 환율 관련 선물先物 : Futures로 변동을 억누르거나 해외에서 벌어들인 달러를 엔으로 교환하지 않고 해외에서 운용하는 등 쇼크를 완화하는 움직임도 증가하고 있다.

생활보호비 부담금(사업비 기준) 실적 금액 추이

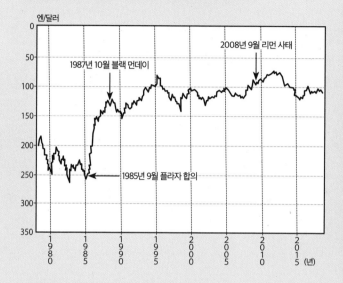

엔/달러

0
50
100
150
200
250
300
350

1987년 10월 블랙 먼데이

2008년 9월 리먼 사태

1985년 9월 플라자 합의

1980　1985　1990　1995　2000　2005　2010　2015 (년)

달러 환율은 과거 고정환율제로 360엔이었지만 1973년 변동환율제가 도입된 이후에는 각국의 금리수준 변화에 의해 변동되고 있다.

엔 약세가 되면 주가는 상승하는 경향이 있다. 이는 일본의 무역수지와 큰 관련이 있다. 수출이 증가하는 엔 약세는 일본에 있어 유리하기 때문이다.

💲 경제 토막지식

1971년 닉슨 사태 이후, 1달러 360엔이었던 고정 환율은 308엔이 되었다. 1973년 이후에는 변동환율제로 대체로 250~300엔 사이였다. 1985년 '플라자 합의' 후에는 160엔을 밑돌아 급속하게 엔 강세가 되었다.

GDP^{국내 총생산}는 일본 국내에서 새롭게 생산된 부가가치의 총계를 말한다. 일본 국내에서 물건이나 서비스가 얼마나 생산되었는지를 파악하는 척도인 것이다.

그런데 도표대로 일본의 GDP는 1990년대 후반부터 늘지 않고 일진일퇴해 거의 500조엔 부근에서 정체하고 있다. 미국이나 중국의 경우 증가세가 일목요연하게 두드러지고 독일이나 프랑스, 영국 등도 증가는 미약하지만 계속해서 성장하고 있다. 이런 경향은 1인당 GDP의 증가율도 마찬가지다.

하지만 일본만이 정체되고 있는 상태이다. 1995년에는 GDP 세계 점유율의 18%를 차지하고 있었으나 2018년 예측 점유율에 따르면 무려 5.2%까지 축소되었다. 경제성장이 거의 멈추고 있다는 것을 엿볼 수 있는데 그 원인은 무엇일까? 한 가지는 GDP의 60%를 차지하고 있는 국내 소비가 디플레이션의 영향으로 오르지 않고 있다는 것을 원인으로 들 수 있다.

이는 실질 자금이 증가하지 않는 것과 관계가 있다. 소비

세율의 상승도 어느 정도 소득을 줄이는 데 기여하고 있다. 국민의 호주머니가 점점 가벼워지고 있다는 뜻이다. 또한 15세부터 65세미만의 생산 가능 연령 인구의 축소도 영향이 클 것이다.

1980년대의 노동자는 연간 2,000시간이나 일했지만 오늘날에는 1,800시간 정도로 일하는 시간도 대폭 감소했다. 그래서 일본의 GDP가 주춤하고 있는 것이다. 최근 가난해진 일본인은 왕성한 리사이클 수요로 메루카리 등 프리마켓 어플들을 만들어냈다. 하지만 중고물품 매매는 새로운 가치를 생산해내지는 않기 때문에 중개수수료는 카운트되어도 GDP에는 반영되지 않는다. 결국 인구감소와 함께 일본의 GDP는 축소될 운명뿐일지도 모른다.

주요 각국의 명목 GDP 추이

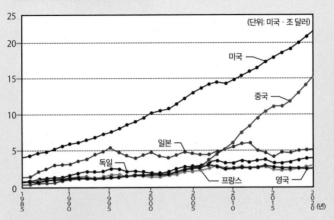

(단위: 미국 · 조 달러)

미국
중국
일본
독일
프랑스
영국

1985 1990 1995 2000 2005 2010 2015 2020 (년)

실질 자금 지수

(사업소 규모 5인 이상)　　　　　　　　　　　　(2015년 평균=100)

연월	현금 급여 총액		정해져 지급하는 급여	
		전년비(%)		전년비(%)
2005년	111.3	1.0	108.7	0.8
2006년	110.2	0.0	108.2	-0.4
2007년	108.9	-1.1	107.6	-0.6
2008년	106.8	-1.8	105.6	-1.8
2009년	104.3	-2.6	104.9	-0.8
2010년	105.6	1.3	106.1	1.1
2011년	105.7	0.1	105.9	-0.1
2012년	104.8	-0.9	105.7	-0.2
2013년	103.9	-0.9	104.2	-1.4
2014년	101.0	-2.8	100.8	-3.4
2015년	100.0	-0.9	100.0	-0.7
2016년	100.7	0.7	100.3	0.3
2017년	100.5	-0.2	100.1	-0.2
2017년 1	86.3	-0.1	99.9	-0.3
2017년 2	103.5	-0.1	100.5	-0.1
2017년 3	96.5	-0.6	100.1	-0.2
2017년 4	115.3	-0.1	99.7	-0.3

경기가 좋아졌다고 말들 하지만 실질 자금은 늘어나지 않고 있는 것이 현재 상황이다.

$ 경제 토막지식

골드만삭스 통계에 따르면 2030년 GDP는 중국, 미국, 인도, 일본 순이며 2050년에는 중국, 미국, 인도, 브라질, 인도네시아, 멕시코, 러시아, 일본 순이다.

CHAPTER 35

인플레이션과 디플레이션은 왜 일어나는 걸까?

경기가 좋은 때에는 물건이 잘 팔리고 시중에 자금이 잘 돈다. 수요와 공급의 균형 면에서 말하면 수요가 강하기 때문에 물건 가격이 오르기 쉽고 이 상태가 과열되면 물가가 상승한다. 즉 이것이 인플레이션이다. 통화가 물건보다 약해지기 때문에 일본 은행은 금리를 인상하고 시중에 풀린 돈을 흡수한다금융긴축.

인플레이션 요인으로는 주로 두 가지가 있다. 상품의 공급이 높은 수요를 따라가지 못해서 일어나는 '초과 수요 인플레이션demand pull inflation'과 상품 생산 비용 상승으로 인해 일어나는 '비용인상 인플레이션cost-push inflatio'이다. 선진국에서는 후자인 경우가 많고 인력 부족으로 인건비 비용이 상승하거나, 원재료 쟁탈전 때문에 비용이 상승한다. 그리고 그 비용을 상품가격에 전가함으로써 가격도 상승한다.

한편 디플레이션은 정반대이다. 전후 일본의 고도 경제성장기 때에는 인플레이션 경제가 오랫동안 지속되었다. 1980년대 후반 거품이 시작되고 1990년대 붕괴과정에 들어서면서 일본은 디플레이션에 빠졌다.

디플레이션은 인플레이션과 다르게 돈의 가치가 하락하고 물건이나 서비스의 가치가 내려가는 현상을 말한다. 수요와 공급의 균형 면에서 말하자면 수요가 약하고 기업은 물건이나 서비스가 팔리지 않기 때문에 가격을 내려 대처한다.

상품이나 서비스가 팔리지 않으면 가격은 조금씩 내려간다.디플레이션 악순환. 그 악영향은 직원들에게도 미쳐 임금 삭감이나 고용과도 연결된다.

아베 노믹스는 세상을 인플레이션으로 만들면 경기가 좋아질 거라고 하는 논리로 시작된 정책이다. 개는 기쁘면 꼬리를 흔들기 때문에 꼬리를 억지로 흔들게 하면 개도 기뻐할 것이라고 하는 뒤바뀐 논리이다. 따라서 일본은행은 이차원적인 완화로 시중에 대량의 돈을 공급하고 있다. 하지만 인플레이션은 일어나지 않고 제로 금리 등 부작용이 우려되기 시작했다.

인플레이션과 디플레이션의 구조

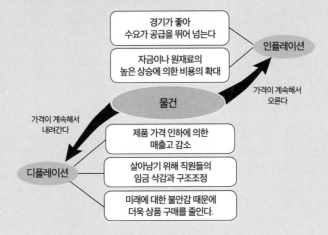

경기가 좋아
수요가 공급을 뛰어 넘는다

자금이나 원재료의
높은 상승에 의한 비용의 확대

인플레이션

물건

가격이 계속해서
오른다

가격이 계속해서
내려간다

디플레이션

제품 가격 인하에 의한
매출고 감소

살아남기 위해 직원들의
임금 삭감과 구조조정

미래에 대한 불안감 때문에
더욱 상품 구매를 줄인다.

인플레이션 = 돈의 가치가 하락한다.

100엔으로 살 수 있었던 사과   200엔을 주고 겨우 살 수 있다.

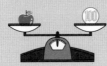

인플레이션 = 돈의 가치가 하락한다.

100엔으로 살 수 있었던 사과   50엔을 주고 살 수 있다.

경제 토막지식

인플레이션일 때에는 은행에 예금한 돈의 가치도 하락하기 때문에 금이나 부동산이라고
하는 실물 자산으로 바꾸는 것이 인플레이션 대책이다. 디플레이션일 때에는 은행에 예
금을 해도 그 가치가 줄어들지 않는다.

CHAPTER 36
왜 공실이 눈에 띄는
낡은 맨션들이 철거되지 않고
그대로 방치되고 있는 걸까?

거리를 걷다 보면 지어진지 오래된 낡은 맨션을 볼 수 있다. 덧문이 닫혀져 있는 방도 많고 공실도 꽤 눈에 띄는데 더럽혀진 채 그대로 방치되어 있다. 이런 낡은 맨션을 관리하고 세입자 모집을 하고 있는 부동산 중개업소는 집주인에게 수차례 이런 제안을 할 것이다.

'집세를 더 내리든가 약간 리모델링을 해서 깨끗하게 하지 않으면 세입자가 들어오지 않아요.' 맨션 관리와 세입자 모집을 위임받은 부동산은 세입자가 없으면 그 방의 관리비 5%를 받을 수 없다. 또한 리모델링을 의뢰받으면 업자 비용을 추가해 집주인에게 청구할 수 있다.

낡은 맨션인데도 아주 저렴하지 않은 이도저도 아닌 집세로는 들어오려는 세입자도 없다. 따라서 이런 건물들은 부동산 중개업소에 있어서 골치 아픈 '화물이나 마찬가지인 물건'이 된다. 최근 들어 이런 집주인들이 적지 않아 부동산 중개업소들을 울게 만든다.

집세가 들어오지 않는데도 집주인들은 왜 맨션을 그대로 방치하는 걸까? 그 이유 중 첫 번째로는 맨션으로 이미 충분히 벌 만큼 번 것일 수 있다. 또한 지금 건물을 철거하고 새로운 맨션을 짓는 것은 리스크가 크기 때문이다. 설령 낡은 맨션이라도 아직까지는 몇 명이라도 세입자가 살고 있을 것이다.

이러한 세입자에 대한 퇴거 교섭은 성가신 일이다. 퇴거비와 이사비를 달라는 요구를 받으면 집주인도 수중의 돈이 크게 줄게 되어 고통을 받는다. 하물며 앞으로의 시대에는 새로운 맨션을 짓는다고 해서 무조건 세입자를 확보할 수 있다는 보장도 없다. 신축 그 당시에만 프리미엄으로 세입자를 확보할 수 있지, 3~5년이 지나면 집세를 내리지 않으면 세입자 모집에 곤란을 겪게 된다. 이런 사정들을 생각해보면 이대로 집을 방치해 두게 되는 것이다.

게다가 만일 집을 철거해 공터가 되면 자식에게 상속할 때 절세가 되는 '임대건물 부지'라는 평가가 사라져버리게 된다. 공터인 채로 있으면 토지 평가는 노선가路線価로 대체로 시가의 80%정도밖에 받지 못하지만 '임대건물부지' 평가를 받으면 시가 1억 엔의 토지라도 6,500만 엔 정도로 압축 평가되기 때문이다. 다만 세무서에서 완전 공실 인정을 받으면 그만큼 감액된다. 따라서 항상 세입자 모집을 하고 있는 것이다.

토지 평가와 상속세(일본 사례 표현)

명칭	개요	발표	기준
실세가격	실제 거래 성립 가격		· 실제가격(시가라고도 한다.)
공시가격	국토교통성이 매년 1월 1일 시점 도시계획구역 내 표준치에 대해서 공표하는 정상 가격	매년 3월 하순	· 정상가격(100%가 상량) · 실세가격의 90% 정도
기준지가	도도부현 지사가 매년 7월 1일 시점의 각종 기역에 대해서 발표하는 정상 가격	매년 9월 하순	· 정상가격(100%가 상량) · 실세가격의 90% 정도
노선가격	매년 1월 1일 시점에 상기 3개의 가격을 참고해서 국세청이 발표한다. 노선가가 아닌 지역은 고정자산세의 배율이 된다.	매년 8월 하순	· 공시가격의 80% 기준 · 실세가격의 70~80% 정도
고정자산세 평가액	고정자산세의 과세주체인 시정촌이 3년마다 1월 1일 시점 토지 가격을 기준으로 해서 정한다.	3년마다 4월 상순	· 공시가격의 70% 기준 · 실세가격의 60~70% 정도

경제 토막지식

토지 매입 시, 고려해야 할 7가지 포인트
권리관계가 깨끗한 부동산을 매입하라
매입 대상 토지와 관련된 공법상 제약요인을 확인하라
토지가 갖고 있는 자연적 조건을 확인하라
내 눈으로 직접 확인하라
길게 보고 매입하라
매일할 때부터 매각할 때를 감안하라
자기 자신의 감을 과신하지 말라

NPONon Profit Organization란 비영리 조직을 말한다. 비슷한 명칭으로는 NGONon Governmental Organization. 민간 비정부 조직이 있는데 이는 해외에서 국제 협력을 행하는 조직으로 모두 비영리, 비정부라고 하는 면에서는 동의어라고 할 수 있다. 세상에서 공익을 담당하는 것은 본래는 정부의 역할이었다.

하지만 정부에는 공평·공정성이 요구된다. 가치관이 다양화해 사회가 복잡해진 오늘날에는 신속하며 상냥하고 친절한 공익사업도 필요해졌다. 여기서 17가지 활동분야에 기업과 마찬가지로 법인격을 부여해 지속적인 공익사업을 행할 수 있도록 1998년 12월에 NPO법특정 비영리활동 촉진법이 시행되었다현재는 20가지 활동 분야.

영리를 목적으로 하는 것과 사업수입을 얻어 직원들에게 급여를 주는 것도 가능하지만임원의 경우 보수는 임원 총수의 3분의 1이하로 한정된다. 대부분의 조직은 사업수입보다 기부나 보조금에 의지하는 경우가 많다. 또한 주식회사와 다른 점은 이익을 내도 그것을 분배할 수 없고 다음 활동으로 돌리는 것만 가능하다는 것이다.

또한 영리사업의 회계는 비영리활동의 회계와는 달리해 법인세도 내지 않는다.

일반 사람들은 '저희는 NPO입니다. 영리를 목적으로 하지 않아요'라는 말을 들으면 봉사 단체라고 착각하기 쉽다. 하지만 앞서 말했듯이 NPO라고 칭하는 것만으로는 임의단체에 지나지 않는다. 은행계좌를 만들 때도 대표자명으로 만들 수밖에 없고 부동산 등기 등도 마찬가지이다. 일반적으로 비영리단체라고 하면 사단법인과 재단법인을 떠올리는 사람도 많을 것이다.

하지만 이것들은 설립 시 재정기반에 많은 제약이 있다. 여기서 폭넓은 활동을 용이하게 할 수 있도록 한 것이 법인격을 지닌 NPO법인인 것이다. 참고로 높은 공익성을 지닌 NPO법인에는 국세청에서 인정을 받은 '인정 NPO법인'도 있다.

인정 NPO법인이 되면 기부금에 대해 세액 공제를 받을 수 있기 때문에 기부금을 모으기 쉬워지며 또한 사업 활동에 경감 세율도 적용된다. 일본에는 2018년 8월 시점에 도도부현 혹은 관할청으로부터 인정을 받은 NPO법인은 51,770단체이며 국세청으로부터 인정받은 NPO법인은 1,088단체이다.

한편, 한국에서 2017년 기준으로 비영리법인은 약 24,5774개며 법인 외에 비영리민간단체로 13,741개가 있는 걸로 조사되었다. 비영리법인과 비영리민간단체는 각각이 근거하고 있는 법적 제도가 다를 뿐만 아니라, 각각의 인가와 등록 절차가 독립적이다.

NPO법으로 인정받은 20가지 특정 비영리 활동

① 보건, 의료 혹은 복지 증인을 꾀하는 활동
② 사회교육 추진을 꾀하는 활동
③ 마을 만들기 추진을 꾀하는 활동
④ 관광 증진을 꾀하는 활동
⑤ 농산어촌 혹은 산간지역의 진흥을 꾀하는 활동
⑥ 학술, 문화, 예술 혹은 스포츠 증진을 꾀하는 활동
⑦ 환경 보전을 꾀하는 활동
⑧ 재해 구호 활동
⑨ 지역 안전 활동
⑩ 인권 옹호 혹은 평화 추진을 꾀하는 활동
⑪ 국제 협력 활동
⑫ 남녀 공동 참여 사회 형성의 촉진을 꾀하는 활동
⑬ 어린이의 건전교육을 꾀하는 활동
⑭ 정보화 사회의 발전을 꾀하는 활동
⑮ 과학기술 진흥을 꾀하는 활동
⑯ 경제활동의 활성화를 꾀하는 활동
⑰ 직업 능력 개발 혹은 고용 기회 확충을 지원하는 활동
⑱ 소비자 보호를 꾀하는 활동
⑲ 앞에 열거된 항목들에 해당하는 활동을 행하는 단체의 운영 혹은 활동에 관한 연락, 조언 혹은 원조 활동
⑳ 앞에 열거된 항목들에 해당하는 활동에 준하는 활동으로써 도도부현 혹은 지정도시의 조례에 의해 정해진 활동

💲 경제 토막지식

물건 가격이 결정되는 구조!

경제학에서는 시장에서의 수요와 공급에 의해 물건이나 서비스의 가격이 결정된다고 한다. 수요 측인 가계와 공급 측인 기업을 예로 들어보자. 가계의 경우 저렴한 물건을 사는 것보다 좋은 것은 없다. 그렇기 때문에 물건의 가격이 높을수록 구입을 보류하게 된다.

반대로 공급 측인 기업은 물건의 가격이 높으면 높을수록 팔리면 이득이기 때문에 생산량을 증가시키려고 한다. 하지만 생산을 늘리면 이윽고 시중에 물건이 넘쳐나 구입하는 사람도 줄기 때문에 가격을 낮추고 생산량도 줄여야만 하게 된다.

이것을 수요곡선과 공급곡선으로 나타내면 양측이 교차하는 균형점을 얻을 수 있다. 이 균형점이 양 측 모두 납득할 수 있는 적정한 시장가격이라고 하는 것이 된다. 그런데 물건에는 3가지 종류가 있다. 소득 증가와 가격의 저하로 수요가 증가하는 보석이나 모피와 같은 정상재, 소득의 증가나 가격의 저하라고 수요가 늘지 않는 비누, 칫솔, 수건, 휴지 등의 필수재, 소득의 증가로 역으로 수요가 줄어드는 발포주, 소주, 콩나물 등의 열등재이다.

'더 이상은 속지 않는다'라고 하는 확신이 가득한 행동으로!

마지막까지 함께해준 독자들에게 감사의 인사를 올린다.

'경제'에 대해서 알고 있었던 것도 있지만 알지 못했던 것도 많았다. 그런 생각이 든 독자들이 많으면 매우 기쁠 것이다.

이 세상은 기묘하도고 기만적인 구조로 가득하다.

우리를 안심시키는 방편 투성이이기 때문이다.

이 책을 통해 '경제'라는 지혜를 얻었으면 부디 일생생활에 활용해주었으면 한다.

돈은 자주 '우리 몸'의 혈액에 비유되고는 한다.

혈액이 우리 몸을 빙글빙글 돌고 있을 때 건강한 몸이 되듯이 돈이 이 세상을 빙글빙글 돌고 있을 때 경제가 활발하고 활기 넘치는 상태가 되기 때문이다.

하지만 일본에서는 돈의 흐름이 정체되고 있다. 이는 한국도 마찬가지다.

극히 일부에서는 빙글빙글 활발하게 돌고 있지만 주변에서는 경기가 좋다는 소리는 별로 들리지 않는다. 과거의 고도 성장기와는 달리 일본은 성장하지 못하고 있기 때문이다.

실업률이 낮고 일손이 부족하다고 하는데도 임금은 오르지 않는다.

일본은 성숙 경제라고도 하는데 정말 사실일까?

격차가 커지고 빈곤에 빠지는 사람이 증가하고 있는 것이 실태이다.

앞으로 올림픽과 패럴림픽이라는 잔치 후에 미증유 불황이 찾아올지도 모른다. 가난한 사람이 늘어나면 늘어날수록 경제는 순환되지 않는다.

정부는 단순 노동에 종사하는 외국인의 문호를 늘리려고 하고 있다.

이는 일본인 노동자의 임금을 오르지 않게 하는 디플레이션 정책이나 다름없다.

경제가 성장하지 않으면 이곳저곳에서 이러한 '모순'이 많아질 것이다.

이 책을 통해 얻은 지혜를 바탕으로 부디 '더 이상 속지 않는다'라고 하는 확신을 갖고 행동하기를 바란다. 그렇지 않으면 당신의 생활은 풍요로워지지 않을 것이기 때문이다.

임금이 오르지 않는 상황 속에 지금이야말로 장수에서 살아남을 수 있는 현명한 지혜가 필요하다.

나는 독자들이 이 책을 양식으로 삼아 합리적인 선택으로 인생을 개척해나가면 기쁠 것이다.

당신의 일상생활과 긴 인생에 영광이 있기를 바란다.

가미키 헤이스케

어려웠던 경제가 이렇게 쉬울 줄이야

초판 1쇄 인쇄 2020년 5월 22일
초판 1쇄 발행 2020년 5월 29일

지은이 가미키 헤이스케
옮긴이 이성희
감수자 김종선

펴낸이 박세현
펴낸곳 팬덤북스

기획 위원 김정대 김종선 김옥림
기획 편집 윤수진 정예은
디자인 이새봄
마케팅 전창열

주소 (우)14557 경기도 부천시 부천로 198번길 18, 202동 1104호
전화 070-8821-4312 | **팩스** 02-6008-4318
이메일 fandombooks@naver.com
블로그 http://blog.naver.com/fandombooks

출판등록 2009년 7월 9일(제2018-000046호)

ISBN 979-11-6169-116-9 (03320)

* 한국어판의 일부 내용은 일본 저작권자의 허락 하에 한국 실정에 맞게 원고를
  수정하였습니다.